As incríveis aventuras e estranhos infortúnios de Anthony Knivet

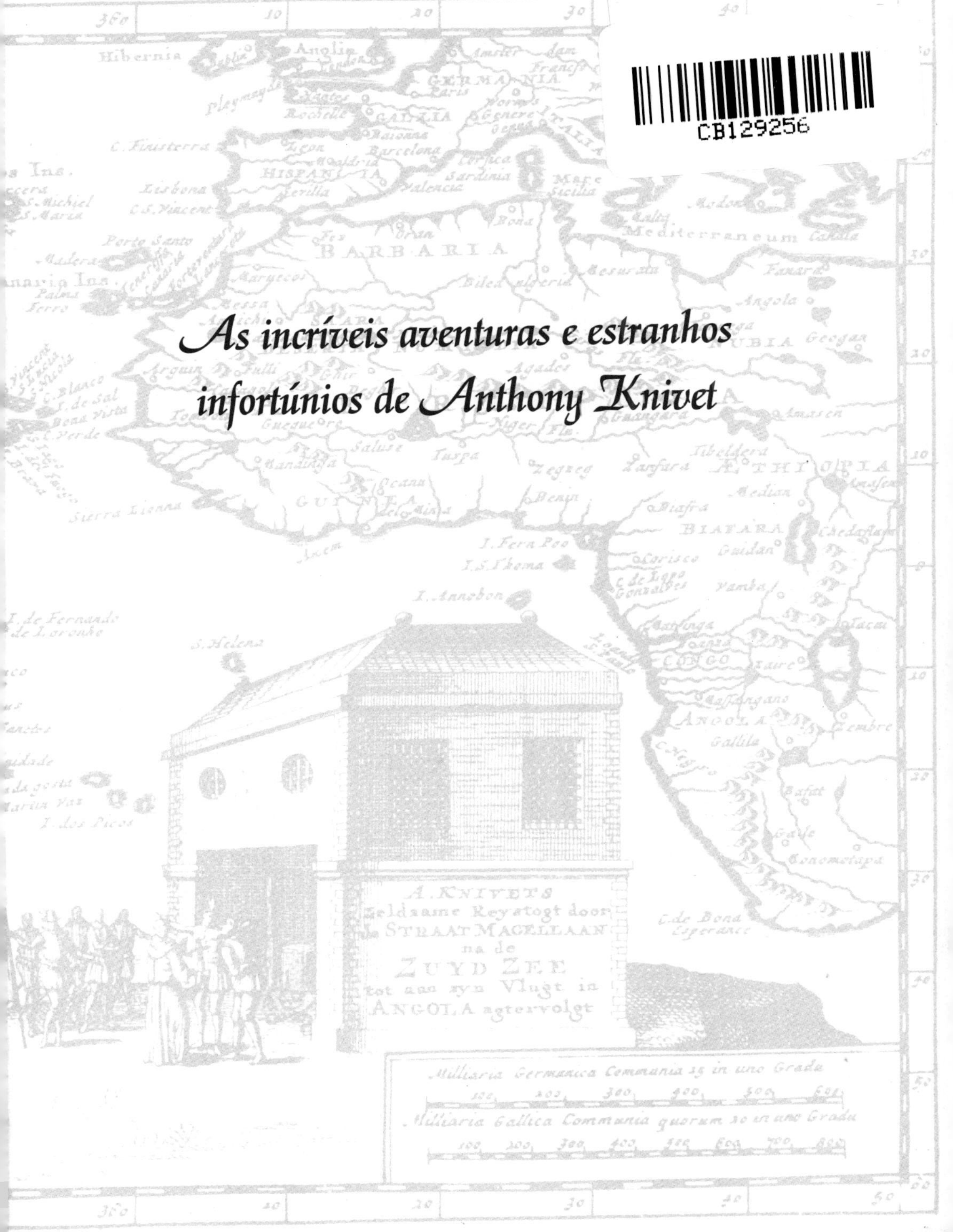

NOVA FRANCIA
CANADA
Quebeco
NOVA ANGLIA
Terra Nova
VIRGINIA
LA FLORIDA
la Bermuda
MAR DEL NORT
I. Hispaniola
Porto Rico
I. Cuba
Iamaica
Trinidad
Panama
TERRA FIRMA
PARIA
GUIANA
Parime L.
S. Fe de Bogota
Quito
Amazonum Regio
AMERICA
PERU
Lago de los Xarayes
BRASILIA
PARAGUAY
MERIDIONALIS
los Charcas
Potosi
Tucuman
CHILI
dos Patos
Carios
R. de la Plata
Costa deserta
TERRA MAGELLANICA
Porto Desire
Fretum Magellanicum
Terra del Fuego
Staaten lant
Hermitens I.
C. Hoorn
MAR DEL ZUR

ANTHONY KNIVET

As incríveis aventuras e estranhos infortúnios de Anthony Knivet

Memórias de um aventureiro inglês que em 1591 saiu de seu país com o pirata Thomas Cavendish e foi abandonado no Brasil, entre índios canibais e colonos selvagens

2ª edição

Organização, introdução e notas:
Sheila Moura Hue

Tradução do original de 1625:
Vivien Kogut Lessa de Sá
Professora do Depto. de Letras da PUC-Rio e especialista em literatura inglesa do Renascimento

ZAHAR
Jorge Zahar Editor
Rio de Janeiro

Jorge Zahar Editor Ltda.
rua México 31 sobreloja
20031-144 Rio de Janeiro, RJ
tel.: (21) 2108-0808 / fax: (21) 2108-0800
e-mail: jze@zahar.com.br
site: www.zahar.com.br

Assistente de pesquisa: Fabiano Cataldo de Azevedo
Projeto gráfico e editoração: Mari Taboada
Capa: Miriam Lerner

Ilustrações da capa: Mapa da geografia mundial à época de Knivet (acima); cena de aprisionamento por índios (ao centro); e representação do mergulho de Knivet na baía de Guanabara usando uma espécie de escafandro (abaixo).

Os mapas das p.28-9 foram reproduzidos de *Un aventurier anglais au Brésil: les tribulations d'Anthony Knivet (1591)*. Introdução, tradução e notas: Ilda Mendes dos Santos, Paris, Chandeigne, 2003.
As imagens do caderno de ilustrações (entre p.128-9) foram reproduzidas a partir de Anthony Knivet, *Aanmerkelyke reys [...] van Anthony Knivet, gedaan uyt Engelland na de Zuyd-Zee, met Thomas Candish, anno 1591 en de volgende jaren*. Leiden, P. Vander Aa, 1706. Biblioteca do Instituto de Estudos Brasileiros - IEB, fotografias de Milene Rinaldi.

CIP-Brasil. Catalogação-na-fonte
Sindicato Nacional dos Editores de Livros, RJ.

Knivet, Anthony, fl. 1591
K77i As incríveis aventuras e estranhos infortúnios de Anthony Knivet: memórias
2.ed. de um aventureiro inglês que em 1591 saiu de seu país com o pirata Thomas Cavendish e foi abandonado no Brasil, entre índios canibais e colonos selvagens / Anthony Knivet; organização, introdução e notas: Sheila Moura Hue ; tradução Vivien Kogut Lessa de Sá. – 2.ed. – Rio de Janeiro: Jorge Zahar Ed., 2008.

il.

Tradução de: The admirable adventures and strange fortunes of Master Antonie Knivet, which went with Master Thomas Cavendish in his second voyage to the south sea, 1591, in Samuel Purchas, Hakluytus Posthumus or Purchas his Pilgrimes in Five Bookes.
Inclui bibliografia
ISBN 978-85-378-0015-7

1. Knivet, Anthony, fl. 1591 – Viagens – Brasil. 2. Brasil – Descrições e viagens – Obras anteriores a 1800. 3. Brasil – Descobertas e explorações britânicas – Obras anteriores a 1800. I. Hue, Sheila Moura. II. Sá, Vivien Kogut Lessa de. III. Título.

08-0824 CDD: 910.0981
CDU: 910.4(81)

SUMÁRIO

NOTA SOBRE ESTA EDIÇÃO

Esta tradução anotada do relato de Anthony Knivet tomou por base a primeira edição do livro, publicada em inglês, em Londres, em 1625, no quarto volume de uma extensa coletânea de viagens organizada por Samuel Purchas, intitulada *Hakluytus Posthumus or Purchas his Pilgrimes in Five Bookes*.

Para as notas, foram muito úteis as observações de Teodoro Sampaio reunidas no artigo "Peregrinações de Antônio Knivet no Brasil no século XVI: estudo crítico para servir de contribuição à história e geografia do país", em que reconstitui e identifica os caminhos percorridos por Knivet pelo interior do Brasil. Para a leitura de vocábulos tupi, segui quase sempre a lição de Francisco de Assis Carvalho Franco, em seus comentários ao texto, na edição de 1947 (*Vária fortuna e estranhos fados de Anthony Knivet*).

As imagens do caderno de ilustrações pertencem à edição holandesa do livro de Knivet, impressa em Leiden, em 1706, por Pieter van der Aa; os mapas logos após a introdução foram feitos por Teodoro Sampaio.

NOTA SOBRE A TRADUÇÃO

Nesta tradução do relato de Anthony Knivet buscamos encontrar uma linguagem que fosse fiel ao original inglês do século XVII mas, ao mesmo tempo, próxima para o leitor atual. Todas as referências a medidas foram mantidas, e informada a correspondência na primeira ocorrência. Mantivemos também a forma marcadamente objetiva, com raríssimas conjunções além de "and", freqüentemente substituídas por vírgula ou ponto e vírgula, adequando a pontuação apenas quando esta se tornava incompreensível ao leitor de hoje. Afora isto, preservamos o vocabulário notavelmente simples e a narrativa despojada de qualquer pretensão literária. Nos trechos em que o texto encerra contradições ou algum obscurantismo, buscamos propor uma solução de leitura baseada no senso comum, no contexto narrativo e nas outras traduções disponíveis (para o português, o francês e o espanhol), tendo sempre em foco o tom objetivo do texto original.

VIVIEN KOGUT LESSA DE SÁ

INTRODUÇÃO

Preferi colocar-me nas mãos da piedade bárbara dos selvagens devoradores de homens do que da crueldade sanguinária dos portugueses cristãos.

ANTHONY KNIVET

Mísera, filha vã de Babilônia.

ANDRÉ FALCÃO DE RESENDE

O verso acima, escrito pelo poeta português André Falcão de Resende provavelmente na década de 1580, não se refere, como seria de se esperar, a uma mulher de baixa condição. Descreve, como indica seu título – "À ilha e à rainha da Inglaterra" –, a própria Elisabete I, filha de Henrique VIII e Ana Bolena. Pelo tom hostil e vituperante, percebe-se claramente quais eram as relações políticas e sociais entre Portugal e Inglaterra naquele momento. Ou, melhor dizendo, entre a Inglaterra elisabetana e a potência ibérica formada pela incorporação de Portugal à Espanha, após a morte do rei d. Sebastião em Alcácer Quibir e do seu sucessor, o cardeal infante d. Henrique. A política européia nas duas últimas décadas do século XVI estava polarizada entre católicos, liderados por Felipe II, rei da Espanha e Portugal, e protestantes, tendo como figura de proa a rainha Elisabete I e sua política de expansão marítima. Era uma época de heróicas batalhas navais, como a derrota da Invencível Armada espanhola ou a destruição do mítico galeão inglês *Revenge* durante uma tempestade nos Açores, época em que corsários ingleses, com a permissão ou a conivência da rainha, percorriam as rotas marítimas em direção ao Novo Mundo, atacando e saqueando naus espanholas e procurando, por meio dessa política predatória, solapar a hegemonia ibérica.

A geopolítica não era favorável aos ingleses. Após a anexação de Portugal, Felipe II era o soberano da América, da Índia e das ricas rotas comerciais que traziam navios carregados das riquezas do Oriente. A Espanha cada vez mais criava empecilhos oficiais à navegação em suas possessões e, por meio da Santa Inquisição, perseguia, os hereges no continente europeu, a saber, judeus, mouros e protestantes, entre estes, ingleses. Era a Santa Madre Igreja contra os hereges da Reforma. Ou, ainda, Felipe II contra os países protestantes e contra quem pretendesse ameaçar sua soberania na Europa e nos novos mundos. Elisabete I tomara uma posição clara na sucessão do trono português, contra Felipe II, ao apoiar o derrotado prior do Crato, e, ainda, era aliada dos Países Baixos, que após um longo e duro conflito autonomizaram-se do domínio espanhol. Os *sea-dogs* da rainha Elisabete lançavam-se ao mar, financiados por capital privado e pela coroa, e tinham como emblema máximo Francis Drake – que a rainha chamava de "*my pirate*". Drake, o segundo navegador a circunavegar o globo – após Fernão de Magalhães –, foi armado cavalheiro pela rainha em 1581, um ano depois de ter regressado de sua volta ao mundo com um riquíssimo butim saqueado de naus espanholas.

Nesse contexto, não espanta um poeta católico como André Falcão de Resende qualificar a rainha da Inglaterra de "mísera, filha vã de Babilônia". De modo semelhante, a visão inglesa dos espanhóis também era construída por imagens negativas. Havia, nesse cenário, as cruas imagens dos massacres espanhóis nas guerras religiosas da Europa e os relatos sobre a crueldade espanhola com os povos do Novo Mundo. Curiosamente, um dos textos fundadores da imagem inglesa da extrema crueldade ibérica foi escrito por um bispo espanhol católico, frei Bartolomeu de las Casas, para quem a denuncia dos maus-tratos e desumanidade dos espanhóis com os índios servia como instrumento de defesa dos povos nativos e como um plano de reforma dessas relações. Mas os ingleses, ao traduzirem e publicarem várias edições da *Brevíssima relação da destruição das Índias* (quatro edições entre 1583 e 1699), e ao veicularem as atrocidades denunciadas por las Casas, forjavam uma justificativa para o seu projeto imperialista e de colonização do Novo Mundo. A Inglaterra, apoiada nessa evidência, prefigurava-se como nação diametralmente oposta à dos cruéis e desumanos espanhóis; sua política colonial se apresentava, idealmente, como a de uma nação que respeitava os povos indígenas e se opunha à crueldade de seus colonizadores.

Se Portugal tem a síntese da sua identidade imperialista em um poema épico, *Os Lusíadas*, de Luís de Camões, a Inglaterra teve a sua epopéia nacionalista na coleção de relatos marítimos organizada por Richard Hakluyt, com o título *Principal Navigations*, uma reunião de narrativas escritas por navegantes ingleses, publicada em 1589 e reeditada, em três volumes, entre 1598 e 1600. As narrativas da origem do império marítimo britânico, relatadas em tom ufanista, foram compiladas por um clérigo de grande influência política, ligado à rainha e empenhado na colonização inglesa da América do Norte. Para tanto, Hakluyt sugeriu que se estabelecessem bases navais inglesas no estreito de Magalhães e em território brasileiro, nas cidades de São Vicente e de Santos, observando que "não são fortificadas ... e são providas de muitos frangos, patos, limões, laranjas e etc.".

O continuador de Hakluyt, o reverendo Samuel Purchas, adquiriu uma impressionante quantidade de manuscritos de seu mestre, e editou uma gigantesca coleção de relatos de navegadores, impressa em 1625, com o título *Hakluytus Posthumus or Purchas his Pilgrimes*, em quatro grandes e grossos volumes, somando mais de 4.000 páginas. No volume quatro, dedicado à América e a "diversas batalhas marítimas e terrestres, invasões e vitórias contra os espanhóis naquelas partes", encontram-se várias narrativas referentes ao Brasil, entre elas os relatos de Fernão Cardim e Jean de Léry.

As coleções de Hakluyt e Purchas registram os relatos de navegadores ingleses e estrangeiros e, em seu aparato editorial e comentários, exaltam e elogiam o projeto inglês de expansão marítima e colonização da América, funcionando como propaganda colonial e, também, conseqüentemente, como propaganda antiespanhola, anticatólica. É tal o esforço para "britanizar" a história dos descobrimentos e legitimar a presença inglesa nos mares espanhóis que Sebastião Caboto – um italiano – é apresentado por Samuel Purchas como o verdadeiro descobridor da América[1] ("o continente foi descoberto por ele, enquanto Colombo não fez mais do que avistar ilhas, e por isso seria muito melhor que o continente se chamasse *Cabotiana* do que *América*") e como um cidadão inglês ("*an Englishman*"). Para Purchas a América era uma descoberta inglesa, e não espanhola.

1. Na verdade, foi John Caboto, pai de Sebastião, quem aportou no continente americano em 24 de junho de 1497.

Essa "britanização" aconteceu também com o relato do padre português Fernão Cardim, *Tratados da terra e da gente de Brasil*, publicado na coleção de Purchas, erroneamente atribuído a Manuel Tristão, com o título "Um tratado sobre o Brasil escrito por um português que lá viveu muitos anos", e com a seguinte observação: "Eu bem posso adicionar esse jesuíta às viagens inglesas, sendo ele um prisioneiro e um butim inglês." Quando voltava de Roma para o Brasil, em 1601, o navio em que estava Fernão Cardim foi capturado pelo corsário inglês Francis Cooke, que capturou o padre e se apoderou do manuscrito, vendido por 20 xelins. O livro de Fernão Cardim só seria publicado em português e atribuído a seu verdadeiro autor, por Capistrano de Abreu, em 1881.

Na alentada coleção de Samuel Purchas, a poucas páginas de distância do relato de Fernão Cardim está uma das narrativas menos conhecidas e mais originais de viajantes europeus no Brasil, "uma das obras mais fascinantes da literatura de viagens da era de Elisabete", como definiu Charles Boxer. Ou, segundo o pesquisador inglês R.F. Hitchcock, "a história de um jovem eivada de vigor jornalístico, e ao mesmo tempo estranha, humorística e confessional". Escrita em primeira pessoa e em um tom de romance de aventuras, próximo ao das novelas picarescas da época, *As incríveis aventuras e estranhos infortúnios de Anthony Knivet, que foi com Thomas Cavendish em sua segunda viagem ao mar do sul* se afastam dos demais relatos de viagem sobre o Brasil pelo seu tom novelesco e pelo caráter rocambolesco das aventuras narradas. Para os propósitos antiespanhóis e anticatólicos do reverendo Purchas, a história de Anthony Knivet era perfeita. Nela, o jovem inglês, aprisionado por portugueses, permanece por dez anos como escravo da família Correia de Sá, por quem é tratado com uma desumanidade atroz. O escravo inglês dos governadores do Rio de Janeiro, Salvador e Martim Correia de Sá – descendentes "da gloriosa família de Mem de Sá e de Estácio de Sá, os fundadores do Rio de Janeiro", como descreve um dicionário português –, relata em primeira pessoa, em páginas vivas, espancamentos, fome, maus-tratos, grilhões de ferro, prisões infames, doenças, chicotadas, condenações à morte e trabalho escravo em condições desumanas. Quem sofria, neste relato, não eram os índios, como em Bartolomeu de las Casas, mas um europeu, um inglês a serviço de sua rainha.

A Inglaterra era um dos mais velhos aliados de Portugal e desde o início do século XVI havia comércio, em pequena escala, entre Brasil e Inglaterra; mas após a deterioração das relações com a Espanha, e a anexação de Portugal por Felipe II, o comércio pacífico dos ingleses nas costas brasileiras foi substituído pelo *privateer*, uma prática em que navios privados recebiam autorização da coroa para saquear e atacar navios de outras nacionalidades, e em troca pagavam parte do butim para o governo. Estabelece-se assim uma diferença entre o pirata, que agia sem a autorização da coroa, e o corsário, também chamado de "*gentleman pirate*", figura institucional e, em alguns casos, heróis nacionais, como Francis Drake. Tendo suas vilas e engenhos devastados e incendiados por navegadores ingleses, e seus navios saqueados e destruídos, os colonos e as autoridades do Brasil passaram, obviamente, a dispensar um tratamento à altura aos ingleses e demais protestantes capturados em seu território, que iam da mera execução, à prisão, à escravidão ou ao degredo na insalubre fortaleza de Massangano, em Angola, onde, como conta Knivet, todos morriam "miseravelmente".

A circunavegação fracassada

Quando partiu de Plymouth, na Inglaterra, a 26 de agosto de 1591, com a intenção de dar uma segunda volta ao mundo, Thomas Cavendish (1560-92) pensava repetir a façanha que havia realizado fazia três anos. A essa altura, ele era a nova maravilha da navegação inglesa, o terceiro a circunavegar o globo, repetindo o heróico feito de Francis Drake, e, a exemplo do preferido da rainha, também trouxera para casa um riquíssimo butim, especialmente preciosas mercadorias orientais do galeão espanhol *Santa Ana*. Essa segunda viagem de volta ao mundo de Cavendish também tinha como objetivo recuperar as finanças do jovem navegador, que já tinha dissipado tudo o que conseguira na primeira. A essa nova empreitada se juntaram investidores privados e jovens de famílias nobres em busca de fortuna, como Anthony Knivet, um dos jovens embarcados no galeão *Leicester*, comandado por Thomas Cavendish.

A exemplo de outras figuras do século XVI, a biografia de Knivet é um pouco nebulosa, mas tudo indica que tenha sido filho ilegítimo de um nobre, sir Henry Knivet, que, por não poder legalmente herdar os bens do pai, seguira a carreira militar. A nova expedição do então célebre e festejado Cavendish era uma boa promessa financeira para os jovens *gentlemen* nela engajados, pois somente aos homens dessa posição social era franqueada a pilhagem de navios e das cidades atacadas. Mas o começo promissor desembocou em um desfecho inesperado e trágico: Cavendish não conseguiu passar do estreito de Magalhães, perdeu quase todos os seus navios e seus homens e, voltando para a Inglaterra, morreu no meio do Atlântico – após escrever uma amarga carta –, de desgosto, provavelmente por suas próprias mãos. Knivet, por sua vez, foi abandonado semimorto, com os pés gangrenados, em uma praia no litoral de São Paulo e passou quase dez anos no Brasil comendo, digamos assim, o pão que o diabo amassou. Como escravo da família Correia de Sá, trabalhou em engenho de açúcar, foi escudeiro, mercenário, negociante de índios escravos, explorador do sertão, e viveu, quando conseguia escapar de seus patrões, vários períodos com índios, nu e perfeitamente adaptado entre eles. Condenado à morte várias vezes, enfrentando perigos fatais ao desbravar sertões inexplorados e lidar com índios canibais, além de atrozes castigos físicos e doenças, Knivet consegue sempre escapar, não milagrosamente, mas por seus próprios meios, por sua inteligência e indústria.

Durante esses dez duros anos, planeja três fugas. A primeira quando a frota de Richard Hawkins passa pelo Brasil, a segunda quando consegue ir para Angola, de onde pretendia escapar para a Inglaterra, e a terceira quando se junta a outros ingleses habitantes do Rio de Janeiro. Mas a oportunidade só viria quando a família de Salvador Correia de Sá, em 1599, se muda para Lisboa levando Knivet, seu escudeiro inglês. Ele não consegue a liberdade – pois seu conhecimento das rotas terrestres e marítimas do território brasileiro e das minas que se escondiam nos sertões tinha um alto valor estratégico, e não poderia ser transmitido aos ingleses –, mas, após trabalhar como intérprete para negociantes escoceses, consegue, com a ajuda de uma noviça inglesa de um convento de Lisboa, retornar à Inglaterra, em setembro de 1601, em um navio de comerciantes holandeses. A essa altura seu pai já havia morrido, e tudo leva a crer que foi através de seu tio, lord Thomas Knivet, um dos membros da Privy Chamber (câmara dos conselheiros da coroa), que conseguiu um cargo público na Royal Mint, a casa da moeda, onde trabalha até a sua morte, provavelmente em 1649.

O relato autobiográfico de Knivet não é a única narrativa sobre a desastrada viagem de Thomas Cavendish. Há outras duas que contam partes da viagem e que muitas vezes divergem das informações registradas por Knivet. Temos a própria carta que Cavendish (ou Candish, como preferiam seus contemporâneos) escreveu pouco antes de morrer em pleno Atlântico, publicada por Samuel Purchas nas páginas que precedem o relato de Knivet, com o título "O discurso de master Thomas Candish sobre sua fatal e desastrosa viagem ao mar do Sul, com seus muitos infortúnios no estreito de Magalhães e em outros lugares; escrita por seu próprio punho a sir Tristam Gorges seu executor". A carta, uma curiosa peça de amargura e orgulho, dedica-se principalmente a apresentar a versão de Cavendish para a malograda viagem, que basicamente consistia em botar toda a culpa no navegador John Davis, capitão da nau *Desire*, que, após se perder do galeão de Cavendish no estreito de Magalhães, resolve tentar encontrar a passagem pelos estreitos, enquanto Cavendish tinha tomado o rumo de volta ao Brasil. Para Cavendish, o capitão John Davis seria um desertor, um traidor e o responsável pela ruína da viagem. Davis era, na época, um célebre navegador, e a seu favor um tripulante da *Desire*, John Jane, escreve um relato publicado por Richard Hakluyt, nas *Principal Navigations*, com o titulo "A última viagem da venerada frota de master Thomas Candish, que pretendia alcançar o mar do Sul, as Filipinas e a costa da China, com três barcos altos e duas barcaças. Escrita por master John Jane, um homem de boa observação, que esteve nesta e em várias outras viagens", no qual o autor, obviamente, apresenta todos os erros e desmandos de Cavendish, apontado como o principal causador da ruína da viagem por ter tentado atravessar o estreito de Magalhães na estação do ano menos adequada – versão, aliás, também apresentada por Knivet.

Há, ainda, um outro testemunho, não tão factual, da fracassada circunavegação de Cavendish. Seu autor é o poeta, dramaturgo e médico Thomas Lodge, cujo romance *Rosalynde* inspirou Shakespeare a escrever *As you like it*. Lodge esteve na frota de Cavendish, e alojou-se, como outros *gentlemen* – e como o próprio Knivet –, no colégio dos jesuítas em Santos, após o ataque à cidade. Na biblioteca do colégio, lê (e rouba) vários livros, entre eles o manuscrito "Doutrina cristiana na língua brasílica" – levado para a Inglaterra e hoje guardado na biblioteca da Universidade de Oxford – e "uma história na língua espanhola" que, segundo ele, o encantou e o levou a escrever o romance *Margarite of America*, publicado em 1596 e considerado por alguns críticos como sua melhor obra. Na dedicatória do romance e no prólogo ao leitor, Lodge escreve algumas linhas sobre a, para ele, inspiradora viagem, e afirma ter redigido parte de seu livro no Brasil e durante a árdua viagem ao estreito. Em uma carta, escrita em 1609, faz uma afetuosa referência ao senhor de engenho José Adorno, figura famosa em Santos, naquela época. Lodge não atingiu a China e as riquezas orientais, como pretendia, mas pelos menos acrescentou mais um livro à sua já extensa bibliografia. A experiência santista do poeta inglês talvez lhe tenha rendido mais que isso: após a estada na biblioteca do colégio dos jesuítas em Santos, Lodge converte-se ao catolicismo e passa a citar em suas obras o dominicano Luís de Granada.

Não deixa de ser curioso observar as ocupações dos corsários que atacaram e tomaram Santos e arrasaram a vila de São Vicente em 1592. Enquanto Anthony Knivet achava um cofre cheio de moedas em uma cela do mosteiro dos jesuítas, Thomas Lodge vasculhava a biblioteca, lia e subtraía alguns livros, ao passo que o capitão John Davis, em cima do morro onde estava a casa de Brás Cubas, tranqüilamente desenhava um panorama da baía de Santos, como nos conta Knivet no último capítulo de suas aventuras.

Anthony Knivet e o Brasil

No Brasil, pouco lhe valeu ser sobrinho de um membro da Privy Chamber da rainha Elisabete I. O que pesou a seu favor foram a sua tremenda presença de espírito, que o faz contar as mentiras certas nas horas certas, de modo a escapar da morte nas mãos dos portugueses ou de ser devorado pelos índios (por exemplo, dizendo-se francês aos índios historicamente aliados aos franceses, ou escondendo dos portugueses a sua origem aristocrática e afirmando ser um simples grumete); sua facilidade para aprender línguas, que o faz ser capaz de comunicar-se em português quando é aprisionado na ilha de São Sebastião, e de aprender rapidamente a língua dos índios, o tupi falado na costa e também o idioma jê dos índios do sertão, tornando-se extremamente útil como negociador e intérprete; sua coragem e habilidade em percorrer e conhecer os caminhos dos sertões, o que fez dele um experiente sertanista; sua esperteza ao não comer frutas e raízes venenosas que tantas vezes mataram seus companheiros; e sua espantosa resistência física diante das condições mais extremas. Em resumo, sua impressionante capacidade de sobreviver no inóspito Brasil da década de 1590.

O Rio de Janeiro de Anthony Knivet e de Salvador Correia de Sá parecia organizar-se em torno de três eixos principais: a produção de açúcar, a obtenção de índios escravos e a busca por minas de ouro e pedras preciosas. Knivet trabalha em dois engenhos, desempenhando diferentes tarefas: carregando cana-de-açúcar, empacotando e transportando o açúcar para os navios. Trabalha inicialmente como escravo, até suas roupas se desfazerem em farrapos, sob as ordens de um feitor espanhol que odeia ingleses, a quem pretende assassinar; anos depois, passa a ser remunerado e tratado com mais humanidade. Outra atividade do marinheiro inglês é entrar em contato com tribos indígenas que costumam vender como escravos sua própria gente ou prisioneiros de outras aldeias. A família Correia de Sá não está particularmente engajada na "guerra justa" pregada pelos jesuítas – que pretendiam salvaguardar os direitos dos povos nativos estipulando que só poderiam ser aprisionados se atacassem os colonos. Knivet embrenha-se pelo sertão, por lugares nunca antes pisados por um europeu, entrando em contato com tribos desconhecidas e negociando escravos que serão usados nos engenhos e em trabalhos domésticos. Suas outras entradas pelo interior do Brasil, seguindo rotas indígenas e caminhos desconhecidos, são viagens de exploração em busca de minas de ouro e de pedras preciosas, que se incrementaram no governo de d. Francisco de Sousa. O que movia essas entradas era principalmente a recente descoberta da gigantesca montanha de prata em Potosí, na atual Bolívia, e também os mitos de indígenas brasileiros sobre uma montanha de metais preciosos, a lendária Sabarabuçu. Percorrendo o interior de Rio de Janeiro, São Paulo e Minas Gerais, Knivet e seus companheiros deparam, em vários lugares, com pepitas de ouro, ouro em pó e uma grande variedade de pedras preciosas, como diamantes, rubis, safiras, e com a mitológica montanha resplandecente, segundo ele, tão brilhante que chega a cegar a vista dos viajantes, e tão alta que se perde entre as nuvens. Knivet, no interior de São Paulo, sente-se na iminência de avistar Potosí, e os indícios de metais e pedras preciosas que encontra pelo caminho só fazem aumentar sua certeza. O Brasil que ele percorre é, verdadeiramente, o eldorado. Eram tantas as pedras preciosas que, conta ele, "recolhíamos pedras num dia para, no dia seguinte, jogá-las fora em vista de outras maiores e melhores", e a região era tão rica em minas que "se os espanhóis conhecessem essa região, não precisariam ter ido até o Peru, pois não há lugar como este para todo tipo de metal valioso ou pedra preciosa".

Nessa época, a grande promessa de ouro e de pedras preciosas era o interior da capitania de São Vicente, atual estado de São Paulo – quase um século antes da descoberta do ouro em Minas Gerais –, para onde o governador-geral d. Francisco de Sousa se transferira de modo a coordenar viagens exploratórias, e onde já estava em atividade a mina de ouro de Jaguará. Em suas andanças pelo interior de São Paulo, Knivet não atinge o eldorado com que sonha, Potosí, mas, no fim de seu livro, ao elaborar um roteiro sobre a costa do Brasil para os futuros navegantes, termina a sua descrição narrando sobre o lugar mítico que nunca conseguiu alcançar e que, certamente, era o motor de muitas viagens ao mar do Sul. Apesar de afirmar, no roteiro, que só escreverá sobre lugares onde esteve, Knivet termina seu livro com uma descrição detalhada da viagem (que nunca fez), por terra, do rio da Prata até Potosí, chegando, por fim, mesmo que imaginariamente, ao seu destino ideal.

O Brasil de Knivet é também um território em permanente estado de alerta, atento às investidas vindas do mar, por parte de frotas francesas, inglesas e holandesas em suas escalas comerciais, pacíficas ou belicosas, nas costas brasileiras. Além do próprio ataque à vila de Santos, de que Knivet participa e sobre o qual escreve cruamente, temos em suas aventuras referências concretas a várias outras investidas estrangeiras, desde frotas holandesas que conseguem permissão para comerciar pacificamente no Brasil a outras que saqueiam e destroem navios e vilas do Recôncavo baiano, e até aquelas, menos afortunadas, que são recebidas pacificamente e em seguida atacadas e apreendidas, perfidamente, por ordem do próprio governador-geral.

O estado permanente de guerra também se estendia ao interior do território. Os inimigos, nessa vertente, eram os próprios habitantes, os índios, combatidos quando estavam em territórios que precisavam ser conquistados, como a capitania do Rio Grande – um dos episódios narrados por Knivet –, ou quando etnias ligadas aos portugueses guerreavam outras tribos historicamente aliadas aos franceses, ou, ainda, quando, em entradas pelo sertão, algumas aldeias faziam frente à chegada dos colonos, entre outras práticas bélicas contra os índios. O relato de Knivet descreve aldeias dizimadas e índios mortos na casa do milhar. Particularmente interessante é uma longa estada de Knivet entre os tamoios, expulsos para o interior após a conquista do Rio de Janeiro, que são convencidos por Knivet a voltar para o litoral e lá são massacrados pelos homens de Martim de Sá. Nesse momento da narrativa, temos a história de Abauçanga, o último dos tamoios, de 120 anos, que morre em batalha, de forma suicida, mas com uma bravura que maravilha os portugueses. Abauçanga preferia morrer a ser escravo dos portugueses.

Knivet se identificava especialmente com essa mentalidade. Em vários momentos diz que prefere ficar entre os "canibais" a voltar para as mãos dos portugueses, de quem é escravo e por quem é tratado impiedosamente. Identifica-se tanto com os índios, que chega a afirmar que o melhor amigo que já teve é Guaraciaba, um índio, foragido como ele: "Nunca um homem teve uma amizade tão sincera quanto eu a dele." Na parte final de seu livro, em que elabora uma descrição das várias tribos com as quais teve contato, muitas vezes elogia a civilidade, a gentileza e até mesmo características físicas dos indígenas, aproximando-os de ingleses e holandeses. Os portugueses, aqui, são as bestas feras, os selvagens, em contraposição a algumas tribos indígenas, gentis, educadas. Sobre os molopaques chega a afirmar: "Se esses canibais tivessem conhecimento de Deus, posso arriscar dizer, não haveria gente no mundo como eles."

Os molopaques, é preciso dizer, são descritos por Knivet como índios louros, brancos e sardentos. Trechos como este, e ainda outros em que surgem cobras gigantescas dotadas de pequenas pernas, ou em que o autor mergulha na baía de Guanabara em um primitivo escafandro projetado por um médico inglês, caolho e dotado de poderes mágicos, ou ainda quando assegura ter visto uma sereia, somados a alguns problemas de encadeamento cronológico e de orientação geográfica, entre outras pequenas estranhezas que este texto quinhentista nos traz, fizeram Capistrano de Abreu afirmar que o livro de Knivet é "um misto de observação, de credulidade, quiçá de mendacidade ou apoucada inteligência". Contra este juízo, Teodoro Sampaio sustenta que a narrativa de Knivet não foi estudada "por ser tachada de inverídica, confusa ou mentirosa", uma avaliação injusta, pois segundo ele, Knivet redigiu "um documento de não pequeno valor para a nossa história do primeiro século da conquista". Cabe ao leitor escolher que partido tomar.

As incríveis aventuras e estranhos infortúnios de master Anthony Knivet: *as edições*

A história de seus anos no Brasil foi escrita, ao que parece, na Inglaterra (antes da morte da rainha Elisabete), e o manuscrito foi vendido, por um alto preço, pelo próprio Knivet ao já mencionado Richard Hakluyt, o compilador das *Principal Navigations*. No entanto só veio a ser divulgado após a morte de Hakluyt, quando

Samuel Purchas, herdeiro do espólio de manuscritos, o publicou, como vimos, no livro IV de *Hakluytus posthumus or Purchas his pilgrimes*, em 1625. É consenso entre os estudiosos que Purchas era um editor bem menos criterioso do que Hakluyt. Através de seus comentários, respigados em notas marginais e em títulos, percebe-se que Purchas freqüentemente editava os manuscritos, suprimindo trechos, resumindo e reescrevendo segundo seus critérios nacionalistas e religiosos. No caso do relato de Knivet, esse trabalho editorial, explicitado em uma nota marginal ("para a salvaguarda da concisão do texto, foram omitidas algumas passagens que aqui se seguiriam, e também em outros trechos da história"), parece ter sido particularmente danoso. Como observaram todos os que editaram o texto, há passagens confusas, incongruências, uma certa falta de unidade e de coerência cronológica (principalmente no terceiro capítulo do livro). Muito disso pode se imputar à distância temporal entre os fatos e o momento em que são rememorados e narrados, ou, ainda, a uma redação confusa proveniente de uma rememoração oral sem continuidade, já que há várias marcas de oralidade no texto, o que indicaria que tenha sido ditado. Já se afirmou que o próprio Hakluyt teria instigado Knivet a escrever (ou ditar) suas experiências brasileiras. Purchas revela, em notas marginais, que conheceu Knivet e com ele conversou sobre o livro ("Knivet contou-me que viu um índio, durante um episódio de forte possessão, brigando com o espírito e ameaçando converter-se ao cristianismo se o espírito continuasse maltratando-o tanto"), o que deu margem a que se supusesse que o trabalho editorial pode ter tido a colaboração do próprio autor. Como não se conhece o manuscrito original da obra, torna-se impossível rastrear as modificações no texto feitas por Samuel Purchas.

A segunda edição do livro é uma tradução holandesa, em pleno século do apogeu do colonialismo holandês, um dos volumes de uma grande coletânea de relatos de viagem, que também inclui Jean de Léry e Hans Staden. Publicada em 1706, em Leiden, pelo impressor Pieter van der Aa, traz belas ilustrações que representam algumas passagens das aventuras de Knivet e não inclui os dois últimos capítulos da obra. A primeira edição em português, impressa em 1878, baseou-se nesta holandesa, pois os editores não encontraram a original de Purchas. A quarta edição reproduz fielmente a primeira e foi publicada, também em inglês, pela Hakluyt Society, em 1905. Só em 1947 o livro de Knivet ganha uma tradução integral do original inglês, feita por Guiomar de Carvalho Franco, acrescida de excelentes notas de Francisco de Assis Carvalho Franco, hoje esgotada. Em 1995 foi publicada uma edição argentina, pelo professor Rogelio Claudio Paredes, da Universidade de Buenos Aires. Recentemente, a pesquisadora portuguesa Ilda Mendes dos Santos traduziu a obra para o francês e a publicou, com copiosas notas, pela editora Chandeigne, de Paris, em 2003.

Temos, portanto, somente duas edições em português deste interessante e original livro sobre o Brasil, e apenas uma delas fiel ao original de 1625. São poucas edições se compararmos, por exemplo, com a grande difusão do livro de Hans Staden, muito conhecido e diversas vezes publicado em português. Esse aparente desinteresse pelas aventuras do jovem inglês talvez se deva à imagem extremamente negativa que ele constrói dos portugueses de um modo geral e, mais especificamente, da família Correia de Sá, a dinastia que por tantos anos governou o Rio de Janeiro. Em outros séculos, mais próximos de nossa época colonial, talvez fosse muito desconfortável ver Salvador Correia de Sá e seu filho, Martim, como homens cruéis, impiedosos e destituídos de qualquer grandeza. Na nossa contemporaneidade, o relato de Knivet talvez possa receber melhor acolhida, nele se sobressaindo a peculiaridade de seu estilo narrativo e a curiosa personalidade de seu autor, uma espécie de anti-herói, de personagem picaresco, agindo em meio à sociedade e ao panorama brasileiros da última década do século XVI, pintados com vivíssimas, coloridas – e talvez carregadas – tintas.

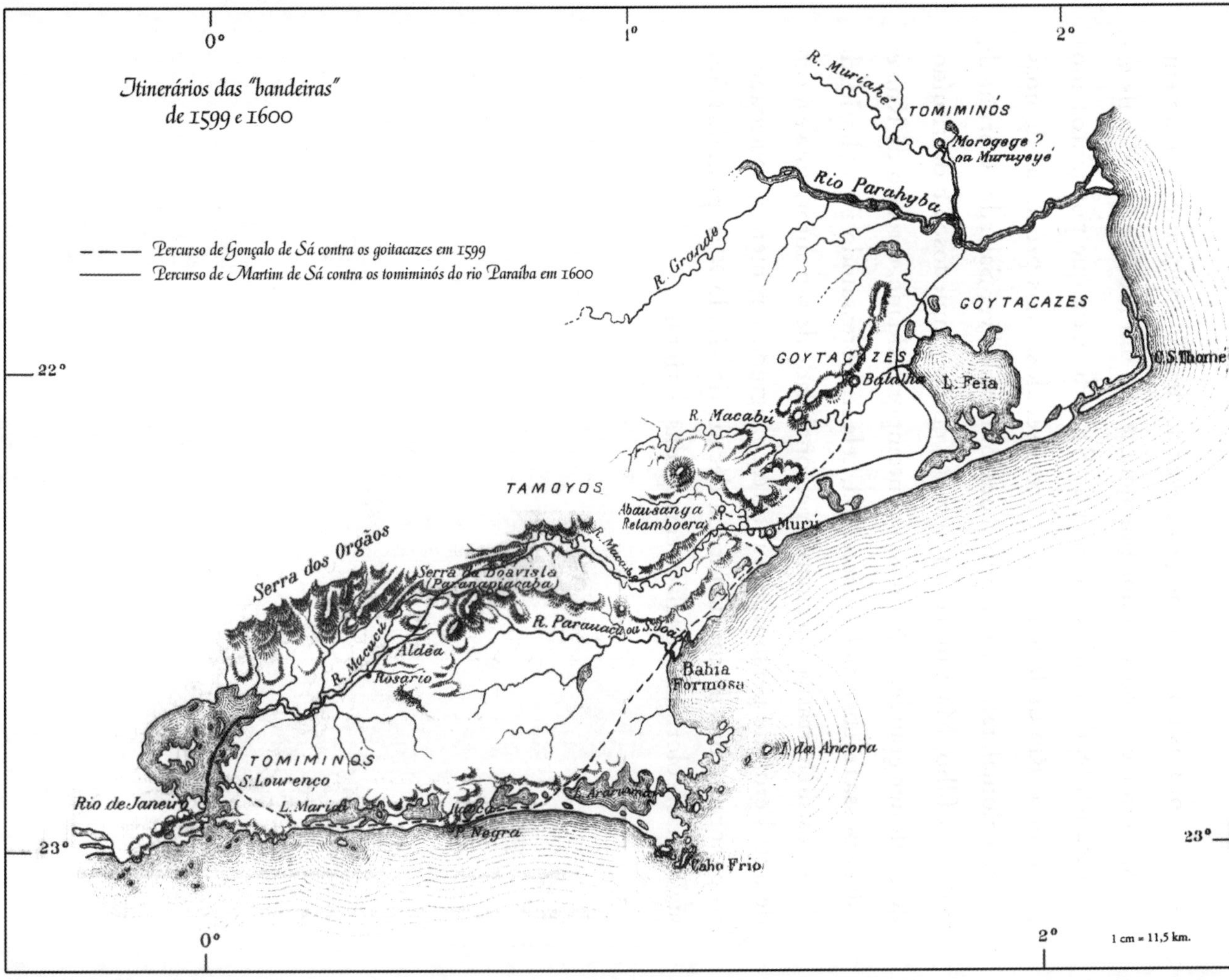
Itinerários das "bandeiras"
de 1599 e 1600
Percurso de Gonçalo de Sá contra os goitacazes em 1599
Percurso de Martim de Sá contra os tomiminós do rio Paraíba em 1600
0°
1°
2°
22°
23°
R. Muriahé
TOMIMINÓS
Morogege ?
ou Muruyeyé
Rio Parahyba
R. Grande
GOYTACAZES
L. Feia
C. S. Thomé
Balalha
R. Macabú
TAMOYOS
Abausanga
Retamboera
Murú
Serra dos Orgãos
Serra da Boavista
(Paranapiacaba)
R. Paraúaçú ou S. João
R. Macucú
Aldêa
Rosario
Bahia
Formosa
I. da Ancora
TOMIMINÓS
S. Lourenço
Rio de Janeiro
L. Maricá
P. Negra
L. Araruama
Cabo Frio
1 cm = 11,5 km.

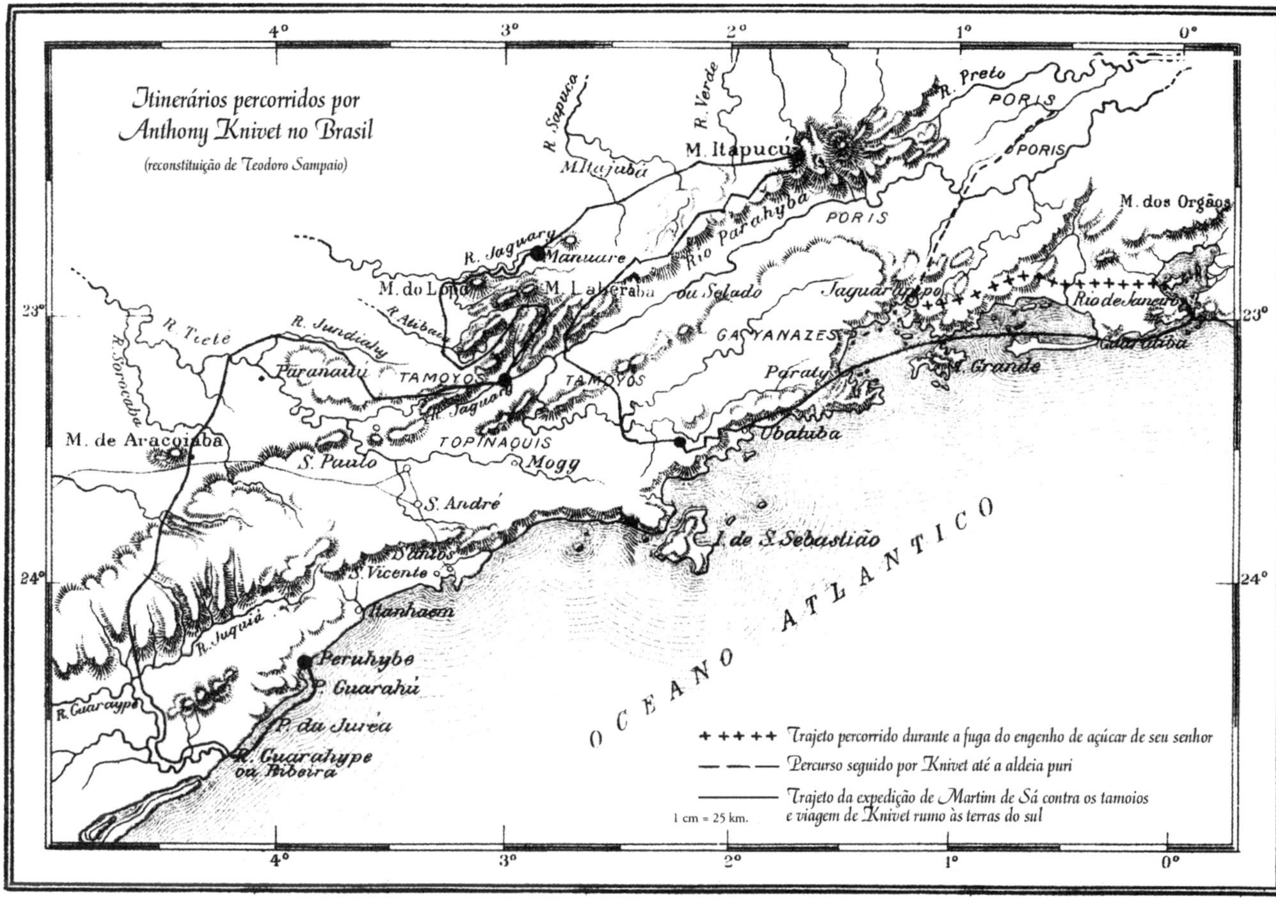
Itinerários percorridos por
Anthony Knivet no Brasil
(reconstituição de Teodoro Sampaio)
M. Itapucú
R. Preto
PORIS
PORIS
PORIS
R. Sapucá
R. Verde
M. Itajubá
Rio Parahyba
M. dos Orgãos
R. Jaguary
Manuure
M. do Lobo
M. Laberaba
ou Selado
Jaguaraipo
Rio de Janeiro
R. Atibaia
R. Tieté
R. Jundiahy
GAYANAZES
Guaratiba
I. Grande
R. Sorocaba
Paranaíú
TAMOYOS
TAMOYOS
Paraty
R. Jaguary
M. de Aracoiaba
TOPINAQUIS
Ubatuba
S. Paulo
Mogy
S. André
I. de S. Sebastião
OCEANO ATLANTICO
Santos
S. Vicente
Itanhaem
R. Juquiá
Peruhybe
P. Guarahú
R. Guaraype
P. da Juréa
R. Guarahype ou Ribeira
+ + + + + Trajeto percorrido durante a fuga do engenho de açúcar de seu senhor
— — — Percurso seguido por Knivet até a aldeia puri
——— Trajeto da expedição de Martim de Sá contra os tamoios e viagem de Knivet rumo às terras do sul
1 cm = 25 km.

As incríveis aventuras e estranhos infortúnios de Anthony Knivet, que foi com Thomas Cavendish em sua segunda viagem ao mar do sul – 1591

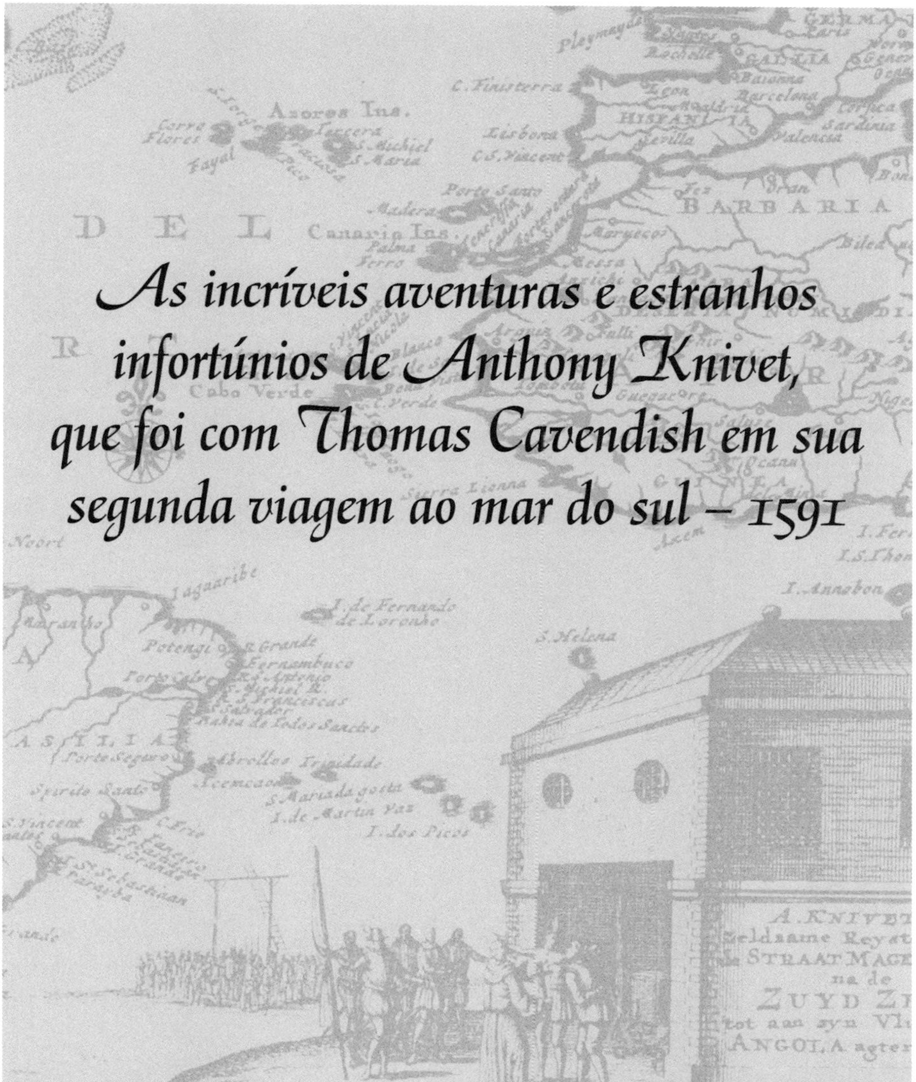

Capítulo 1

O que aconteceu em sua viagem para os estreitos[1] e depois, até ser aprisionado pelos portugueses

Partimos de Plymouth com uma armada de cinco navios em direção ao mar do Sul[2]. Os nomes dos navios eram os seguintes: o galeão *Leicester*[3], que era nossa capitânea, o *Roebuck*[4], almiranta, o *Desire*[5], o *Dainty*[6] e o *Black Pinnace*[7]. Seis ou sete dias depois de partir da costa da Inglaterra, demos com dezenove naus flamengas durante a noite. Desconhecendo seu objetivo, nossa almiranta capturou-lhes uma enquanto o restante escapou. Pela manhã, o mestre de nossa presa flamenga

1. Por "estreitos" Knivet e seus contemporâneos designam a intrincada topografia marítima da região do estreito de Magalhães, semelhante a um labirinto e que oferecia imensos desafios aos navegantes.
2. Designação genérica, usada para indicar tanto o oceano Pacífico quanto o extremo sul do Atlântico.
3. Construído nos moldes do *Revenge* de Francis Drake – o lendário galeão cantado pelo poeta Lord Tennyson e responsável pela derrota da Invencível Armada espanhola –, o *Leicester*, um galeão de 400 tonéis, que já havia tomado parte em uma expedição

foi trazido perante o capitão-mor[8] e dele tivemos notícias de que uma frota de navios havia partido de Lisboa para o Brasil, o que nos alegrou bastante. A nau flamenga vinha com um carregamento de sal[9], do qual o capitão-mor tirou três toneladas para sua própria provisão. O flamengo também nos mostrou uma licença que possuía para navegar pelos mares, selada e assinada por Sua Majestade[10]. Logo que nosso capitão-mor a viu, ordenou que todos a bordo devolvessem tudo o que haviam tomado da nau flamenga, e ele próprio pagou pelo sal que havia pego. Assim os deixa-

comandada por Drake, era capitaneado por Thomas Cavendish e levava a bordo o jovem Anthony Knivet.

4. Grande navio de 240 tonéis e vinte canhões, comandado pelo capitão John Cocke.

5. Nau veterana da viagem de circunavegação de Cavendish (na qual emprestara seu nome a Puerto Deseado, no Chile), havia sido remodelada para essa nova viagem. De 120 tonéis, era comandada pelo grande capitão John Davis, um dos principais navegadores elisabetanos. Mesmo depois de os navios de Cavendish terem abandonado os caminhos do estreito, Davis continuou por conta própria a procurar a passagem, e descobriu as ilhas Falklands em agosto de 1592.

6. Pequeno barco de carga de propriedade de mr. Adrian Gilbert, tendo por capitão Randolph Cotton.

7. Ganhou esse nome – *Pinaça Negra* – por ter transportado o corpo do então célebre poeta e cortesão Philip Sidney.

8. Thomas Cavendish (1555-92) foi o terceiro a completar uma viagem de circunavegação, voltando à Inglaterra em 1587 carregado de tesouros tomados de naus espanholas, tendo sido, por isso, armado cavaleiro pela rainha Elisabete I. Nessa nova viagem, iniciada em agosto de 1591, Cavendish pretendia dar uma segunda volta ao mundo, mas a viagem fracassou.

mos, com vento favorável, mantendo nossa rota da costa de Portugal em direção às ilhas Canárias. Dentro de vinte dias avistamos as ditas ilhas, e tão logo nosso capitão-mor confirmou tratarem-se das Canárias, enviou à costa seus dois menores barcos, o *Dainty* e o *Black Pinnace*, para tentar avistar alguma caravela pescando, ou outro barco qualquer entre as ilhas. Não encontrando qualquer coisa, juntaram-se a nós novamente na manhã seguinte.

Permanecemos sob a linha equinocial por vinte e sete dias sem sinal de brisa ou vento. Durante esse tempo muitos de nossos homens adoeceram de escorbuto devido ao calor extremo do sol e aos vapores noturnos. Apesar desses perigos de doença nossos corações não fraquejaram, ainda que nos encontrássemos nas condições mais extremas que qualquer homem jamais suportara. Aconteceu, então, que dois japoneses que o capitão-mor havia pegado em sua primeira viagem[11] delataram um

9. O sal era uma preciosa e cara mercadoria, objeto de disputas comerciais e políticas. Os Países Baixos carregavam seus barcos com o sal da Cantábria, Espanha.

10. Elisabete I, rainha da Inglaterra (1558-1603), aliada dos Países Baixos contra o rei da Espanha, Felipe II.

11. Os dois jovens japoneses, letrados, foram aprisionados na primeira viagem de Cavendish, em 1587; estavam a bordo do galeão espanhol *Santa Ana* – que carregava riquíssimas mercadorias –, atacado, saqueado e incendiado pelo corsário inglês, em frente ao extremo da

pobre português que tinha vindo conosco de Plymouth, a quem invejavam, dizendo ao capitão-mor que ele havia conspirado contra sua vida. Enquanto o capitão-mor jantava, esses dois japoneses se chegaram à sua cabine, contando a seguinte história em altos brados, para que todos pudessem ouvir: que o português do navio era um traidor que muitas vezes os tinha aconselhado a fugir com ele quando chegassem no Brasil. Além disso, disseram, se Deus consentisse que tomássemos a cidade de Santos como pretendia o nosso capitão-mor, ele os guiaria para o mar do Sul, onde seriam recompensados por sua astúcia. Frente a essas acusações, o pobre português foi enforcado. Quanto a atravessar a América por terra desde Santos até o mar do Sul,[12] teria sido impossível, pois a terra é toda selvagem e cheia de índios.

Após um longo período de calmaria sob a linha do Equador, veio-nos um vento favorável de noroeste e, após velejarmos vinte dias, avistamos terra na costa do

Baja Califórnia, no México. Segundo registros ingleses, chamavam-se Cristopher, este que se tornará amigo de Knivet, e Cosmus. Provavelmente seriam usados como intérpretes nessa nova viagem de circunavegação, que não chegou a se cumprir.

12. A idéia dos japoneses seria atravessar por terra o Brasil, na direção oeste, de modo a atingir a América espanhola, onde sabidamente se encontravam ouro e prata. Caminho muitas vezes tentado e sonhado por exploradores do século XVI, foi desbravado em 1520 por Aleixo Garcia, que chegou ao altiplano andino saindo do litoral de Santa Catarina, numa das expedições mais impressionantes do século.

Brasil, embora ninguém soubesse exatamente em que parte estávamos. Quando finalmente nos aproximamos da costa avistamos dois pequenos barcos, um dos quais capturamos e o outro escapou. O que tomamos estava carregado de negros e alguma mercadoria, e vinha de Pernambuco com destino ao rio da Prata. Pelo piloto desse navio[13] soubemos que estávamos em Cape Frio, ou seja, Cabo Frio.[14] Esse cabo fica a doze léguas[15] do Rio de Janeiro, e a trinta léguas de Santos, que era a vila que tencionávamos tomar.[16] Nesse navio capturamos um padre que tinha se escondido num caixote de farinha. Na noite seguinte, seguindo as instruções do piloto recém-aprisionado, chegamos a um lugar chamado Ilha Grande[17], a doze léguas de Santos, onde tomamos cinco

13. Jasper Jorge, como consta no original, ou Gaspar Jorge, o piloto do navio negreiro, terá papel importante nos lances que acontecerão a seguir.
14. Segundo o relato escrito por John Jane – que estava a bordo do *Desire*, sob o comando de John Davis – o navio foi capturado na costa da Bahia e não na altura de Cabo Frio. Os relatos de John Jane e Anthony Knivet, descrevendo a mesma viagem, não coincidem em muitos pontos, que apontaremos em algumas notas a seguir. O relato de John Jane foi publicado por Richard Hakluyt nas *Principal Navigations*.
15. Aproximadamente 80 quilômetros. Uma légua equivale a c.6,6 quilômetros.
16. O objetivo da tomada de Santos era reabastecer a frota de víveres, mantimentos e água, de que desesperadamente precisavam, como se observará nos parágrafos seguintes. Santos era um porto conhecido dos navegadores e comerciantes ingleses; havia sido visitado recentemente por Edward Fenton e, pouco tempo depois da passagem de Cavendish, por lá passaria também Richard Hawkins.
17. Maior ilha do complexo de Angra dos Reis, no estado do Rio de Janeiro.

ou seis casas com portugueses e selvagens da região.[18] Lá encontramos boa quantidade de batatas e bananas[19] e várias espécies de boas raízes, bem como porcos e galinhas, o que foi muito bom para o restabelecimento de nossos homens. Nessa ocasião, houve tanta confusão entre os nossos que, se os portugueses fossem mais corajosos, teriam matado muitos de nós. Nossos homens brigavam por comida como se fossem judeus, e não cristãos, e aqueles que conseguiam o melhor bocado escondiam-se em algum buraco, ou embaixo de alguma árvore na mata, e assim ficavam enquanto tivessem o que comer.[20] De minha parte, naquele lugar cheio de trapaças não consegui comida nem dinheiro, de modo que, levado pela pura fome, me meti na floresta para tentar caçar alguma coisa ou achar algumas batatas. Enquanto seguíamos, demos com sete ou oito homens de nosso grupo que se aglomeravam ao redor de um porco que haviam matado e brigavam para ver quem ficaria com a melhor parte. Chegamos bem no momento em que

18. Knivet emprega, ao longo do texto, três palavras para designar os índios: *indian*, *savage* e *canibal*.

19. No original "*plantons*", palavra derivada de *plátano*, denominação espanhola para banana.

20. Por esse trecho, percebe-se que a tripulação da frota não era das mais educadas, passava por tremendas privações e era movida por instintos básicos como fome e sede – o que será uma constante em toda a viagem de Cavendish. Em uma carta escrita pouco antes de sua morte no Atlântico, Thomas Cavendish observa: "Eu fui provido da mais abjeta e amotinada tripulação que jamais saiu da Inglaterra."

começavam a se socar, e assim roubamos um pedaço da caça e corremos para dentro da floresta, onde passamos muito bem a noite. No dia seguinte, quando voltávamos com boa quantidade de raízes de batata, entramos na casa onde estavam os músicos do capitão-mor e os encontramos preparando oito filhotes[21] para o repasto. Demos-lhes então nossas raízes e eles ficaram tão satisfeitos que nos deixaram comer com eles.

De tarde, após incendiarmos mais um navio e queimarmos todas as casas, deixando o comerciante e todos os seus negros na praia, partimos de lá. Como o vento era bom, mais ou menos às seis horas chegamos à ilha de São Sebastião[22], a cinco léguas de Santos, onde ancoramos. Uma vez no porto, todos os pilotos e capitães embarcaram no navio do capitão-mor para saber como este pretendia tomar a cidade de Santos. Todos resolveram que nosso barco longo e nossa chalupa com somente cem homens eram suficientes,[23] já que o piloto português nos tinha dito que a cidade não era fortificada.

21. Provavelmente gambás, raposas ou algum animal de pequeno porte.
22. Hoje conhecida como Ilhabela, no estado de São Paulo.
23. Segundo John Jane, partiram da ilha de São Sebastião com o propósito de tomar Santos o capitão John Davis, com a *Desire*, e o capitão Cocke, com a *Black Pinnace*. Knivet, nesta passagem, refere-se a grandes botes usados para a abordagem na terra, e não a navios.

Na véspera de Natal, por volta das dez da noite, quando chegou o momento de os barcos partirem, havia tantos de nós que queriam embarcar que começamos a brigar e lançarmo-nos uns aos outros ao mar. Assim que o nosso capitão-mor ouviu o barulho, ordenou a todos que retornassem ao navio. Como eu temia o capitão-mor e queria estar entre os primeiros a ir (pois já tinha visto que os últimos nunca conseguiam nada de valor) me enfiei debaixo do banco da nossa chalupa, e lá fiquei por duas horas. O barco, no entanto, foi se enchendo e eu não conseguia mais sair e teria sufocado se não fosse por William Waldren, nosso contrapiloto e timoneiro da chalupa, que, ouvindo-me chamar debaixo dele, retirou as tábuas e salvou minha vida.[24]

Por volta das três horas da manhã, capturamos uma canoa (que é um barco que eles fazem de uma árvore inteira) com quatro portugueses e duas mulheres. Uma delas iria se casar naquela manhã. Depois de termos capturado essa embarcação, nos aproximamos da praia, onde aguardamos nosso barco por uma hora, até que ouvimos um sino. Justo então Gaspar Jorge, o piloto português,

24. Segundo John Jane, o navio de Cavendish, onde estaria Knivet, havia permanecido na ilha de São Sebastião e só chegaria a Santos oito ou dez dias após a tomada da vila.

contou-nos que aquele era o momento certo para desembarcar pois, pelo tocar do sino, estavam todos na metade da sua missa, e que naquele instante o padre levantava o pão do sacramento para que os fiéis o adorassem.

Assim que ele nos deu o sinal desembarcamos e marchamos até a igreja, onde tomamos todas as espadas sem resistência. Lá permanecemos até as sete horas, aguardando nosso barco longo e o resto de nossa guarnição, pois, sendo somente vinte e três ao todo, não ousávamos atacar a cidade. Isto permitiu que alguns dos portugueses que estavam em suas casas pudessem escapar com os seus e com o dinheiro que tinham. Na vila havia um bom estoque de alimentos, doces cristalizados[25], açúcar e farinha de mandioca, com a qual fizemos ótimo pão.[26] Na igreja havia trezentos homens, além de mulheres e crianças. Tão logo saqueamos a vila[27] e posicionamos nossos homens, mandamos no-

25. No original, "*succats*".
26. Essa pequena frase contradiz o relato de John Jane, que afirma ter sido a tomada de Santos tão mal executada que não conseguiram os mantimentos de que precisavam: "A cidade de Santos, que facilmente poderia prover de todos os tipos de mantimentos uma frota duas vezes maior que a nossa, em três dias nos foi deixada totalmente nua, sem moradores e sem provisões. ... Saímos de lá pior abastecidos do que quando chegamos."
27. O padre Marçal Beliarte, provincial da Companhia de Jesus, estava em Santos na época do ataque de Cavendish e registrou em carta o episódio: "Depois do qual deram

tícias ao capitão-mor sobre tudo o que havia sido feito. Depois que o capitão-mor nos enviou resposta, libertamos todos os portugueses exceto sete ou oito homens de importância[28] e nos fortificamos na cidade sob as ordens do capitão Cocke, capitão da almiranta e nosso comandante em terra. Ele me favoreceu muito e ordenou que eu tomasse para mim algum quarto no Colégio de Jesus, onde ele próprio se hospedou junto com muitos outros capitães e jovens fidalgos. Aconteceu-me, ao percorrer cela por cela, de olhar embaixo de uma cama numa cela escura, e lá encontrar uma pequena caixa firmemente pregada, cujas bordas estavam brancas de farinha de trigo.

na capitania de São Vicente, e, tomando-a de improviso, a entraram, queimando uma vila toda e parte de outra, fazendo grandes desacatos às imagens, templos, relíquias etc. ... Depois de haverem estado os ingleses quarenta dias senhores da terra, e feito muitos insultos, se partiram com intento, segundo cremos, de passar o estreito de Magalhães e dar no Peru. Toda a nossa pobreza roubaram, e procuraram haver os nossos às mãos. Entraram a 26 de dezembro de 91 e foram a 3 de fevereiro de 92." Serafim Leite, o grande historiador da Companhia de Jesus, escreve sobre o episódio: "A importância do saque da vila, incluindo toda a artilharia, calcula-a o padre Tolosa em mais de 100.000 cruzados. Tolosa conta em carta: 'A nós também coube parte da perda, porque, ainda que os padres puseram algumas coisas a salvo, não pôde ser tudo. Desampararam a casa; e nela se alojou o general, tomando a capela-mor e a sacristia para seus aposentos. Mas nenhuma perda sentimos tanto quanto a cabeça das Onze Mil Virgens. Como estava bem ornada, apanharam-na e nunca se soube dela. Imaginamos que aqueles malditos ingleses a atirariam ao mar.'"

28. Ainda segundo o relato de John Jane: "No dia seguinte, todos os prisioneiros foram libertados, apenas quatro pobres velhos foram retidos, como garantia, para atender nossas demandas."

Retirei-a e, percebendo como era pesada, arrebentei-a, aí encontrando 1.700 reais de oito[29], cada um valendo quatro xelins ingleses. Alojei-me nesse pequeno quarto sem que ninguém soubesse de meus grandes ganhos: lençóis, camisas, cobertas e camas[30], e muitas coisas que ninguém viu.

No dia seguinte, que vinha a ser o dia de santo Estevão[31], os portugueses nos deram um alarme falso. O capitão-mor veio com todos os barcos para a barra e logo desembarcou duzentos homens aos quais ordenou que queimassem toda a parte de fora da vila. Então deu ordem para que construíssem uma pinaça[32] de vinte remos e que ateassem fogo a todos os navios ancorados no porto. Nessa vila capturamos um inglês chamado John King, que lá estava havia quinze anos. Nosso capitão-mor hospedou-se no Colégio de Jesus todo o tempo em que estivemos em Santos. Esse colégio tinha nos fundos muitas saídas para a praia e aconteceu que, numa noite, dois selvagens que tinham sido maltrata-

29. Moeda espanhola, de prata. Havia reais simples de dois, de quatro e de oito, conforme o peso.
30. Provavelmente refere-se a redes.
31. Isto é, 26 de dezembro.
32. Uma pinaça era uma embarcação, a vela ou a remo, utilizada em pesca e transporte.

dos pelos portugueses fugiram e, como conheciam essas entradas para o colégio, chegaram ao pé da cama onde dormia o capitão-mor trazendo-lhe perus e galinhas. Ao acordar, o capitão-mor gritou por socorro mas um deles, que falava português, caiu de joelhos e disse que tinha vindo para implorar-lhe seu favor e não para atacá-lo. Na manhã seguinte, o capitão-mor conversou com esses dois selvagens e soube por eles como era guarnecido o acampamento português e como planejavam combatê-lo quando saísse da vila. Contaram-lhe também de três grandes sacos de dinheiro e de um pote que estava escondido debaixo das raízes de uma figueira e levaram-nos onde havia trezentas cabeças de gado, que nos alimentaram todo o tempo em que lá estivemos.[33]

O *Dainty*, sendo um navio pequeno, tinha feito uma boa viagem até Santos, chegando antes de todos os outros de nossa frota. Por isso o carregamos com açúcar e mercadorias valiosas dos navios portugueses que estavam no porto. Esse navio tinha vindo voluntariamente conosco e, já que tinha feito uma boa viagem, o seu capitão disse ao capitão-mor que tencionava retornar à Inglaterra. O

33. O que contradiz frontalmente o relato de John Jane sobre a escassez de mantimentos em Santos.

capitão-mor respondeu que estava decidido a levá-lo ao rio da Prata, depois do que daria total permissão para que ele retornasse. Permanecemos dois meses em Santos – o que foi a ruína de nossa viagem.[34] Durante o tempo que lá estivemos, muitos canibais vieram até nós querendo que o capitão-mor destruísse os portugueses e tomasse a terra para si e dizendo-lhe que estavam todos a seu lado. O capitão-mor agradeceu-lhes todos por sua gentileza, mas disse-lhes que naquele momento tinha outros planos. Nessa vila encontramos depósitos de ouro que os índios tinham trazido de um lugar chamado por eles de Mutinga e onde os portugueses agora têm minas.[35] Muitos de nossa companhia aconselharam o capitão-mor a passar o inverno na vila, mas ele não aceitou de modo algum.

Desde nossa partida da Inglaterra até nossa chegada a Santos eu nutria grande estima por Christopher, o

34. Por ter-se demorado em Santos, Cavendish perdeu a época apropriada para a viagem pelo estreito, e o fez numa estação imprópria, enfrentando condições climáticas terríveis, tempestades monstruosas e frio extremo, o que causou o fracasso de sua viagem.
35. Nessa época, as grandes minas de metais preciosos ainda não tinham sido descobertas e exploradas, mas muitas entradas já haviam sido (e estavam sendo) empreendidas na tentativa de encontrá-las. O próprio Knivet participará de entradas pelos sertões em busca de ouro e pedras preciosas. Acreditava-se na época que o sertão da capitania de São Vicente era muito rico em metais preciosos, e já se lavrava ouro nas minas de Jaguará, próximo a atual cidade de São Paulo, às margens da rodovia Anhagüera. "Maetinga" ou "Amaitinga", segundo Teodoro Sampaio, é o nome de um rio aurífero que nasce nas proximidades do morro do Jaguará.

japonês, pois achava sua experiência útil em muitas coisas. O oriental e eu ficamos tão amigos que não tínhamos nenhum segredo entre nós. Desde há muito confiando nele, contei-lhe do dinheiro que tinha encontrado embaixo da cama do padre. Ele então me contou de algum dinheiro que também ele havia encontrado e combinamos de, dali por diante, dividir o que quer que Deus nos permitisse obter. Uns quatro dias depois disto, quando nos preparávamos para partir, ele me disse que já tinha passado a época favorável para navegar e que o melhor era enterrar nosso dinheiro e permanecer em terra. Acreditando nos seus argumentos, concordei em fazer o que ele achasse melhor. Assim, combinamos que naquele mesmo dia em que subiríamos a bordo ele levaria todo o dinheiro numa canoa e o esconderia nas margens de um rio. De manhã entreguei-lhe todo o dinheiro e ele jurou que em menos de duas horas estaria de volta, todavia fiquei mais de cinco horas esperando e poderia ter esperado toda a minha vida, pois ele tinha embarcado. Acabei recuperando por meus próprios meios o que era meu, mas aquela amizade acabou. Nossos homens caminharam por terra até uma outra vila chamada São Vicente e no caminho queimaram cinco engenhos de açúcar.[36] A balbúrdia dos homens na hora de embarcar era tanta que, se os portugueses tivessem um pouco de coragem, poderiam facilmente ter cortado nossas gargantas. Os dois índios que tinham entrado à noite no quarto do capitão-mor seguiram conosco para os estreitos.

Partimos de Santos para os estreitos de Magalhães com vento favorável e durante quatorze dias tivemos tempo bom. Quando no décimo quinto dia todos os pilotos e capitães da frota vieram a bordo, a capitânea juntou uma boa soma em dinheiro. Passados dois dias de calmaria, os pilotos mediram suas posições e acharam que estávamos na altura do rio da Prata. Como estávamos longe da costa decidimos retornar a ela e enviar o *Dainty*, o *Black Pinace* e o .....[37] para o rio da Prata, mas não eram os desígnios de Deus que colocássemos nossos planos em prática. Pois, no mesmo dia em que pensamos ter visto terra, um vento sudoeste começou a soprar e o mar ficou muito escuro, inchado

36. John Jane conta, objetivamente: "Nós, desta forma, partimos de Santos em 22 de janeiro, e incendiamos a vila de São Vicente até arrasá-la." Afirma o padre Serafim Leite que, depois do incêndio de São Vicente, "a vida da costa, nesta capitania, concentrou-se em Santos".

37. A marcação ..... indica que há uma lacuna no texto original.

de ondas tão altas que não conseguíamos enxergar nenhum navio de nossa frota, embora estivéssemos muito próximos uns dos outros. O mar quebrava na popa de nosso navio e arrastava nossos homens assombrados de pavor para dentro dos botes. A tempestade fez com que o *Roebuck* arremessasse seu ..... contra nossa popa, destruindo toda a nossa galeria, e tudo o que ficava no tombadilho foi arremessado ao mar. Foi então que o miserável destino começou a nos castigar a todos e sobretudo a mim, que tive tudo o que possuía, tanto roupas como dinheiro, lançado ao mar, enquanto nosso navio era engolido pelas ondas que quebravam pelos lados. Nosso capitão-mor mostrou possuir coragem admirável pois ia e vinha encorajando seus homens, que estavam todos assustados pensando que sua hora final tinha chegado. Essa tempestade durou três dias, durante os quais perdemos quase todas as nossas velas, arrancadas dos mastros.

Foi a vontade de Deus que depois de três dias de tempestade o vento parasse, mas o mar continuou tão revolto que não conseguimos içar qualquer vela. Enquanto permanecemos ao sabor do mar, sem qualquer sinal dos outros de nossa frota, começou um rumor entre os da companhia de que queriam voltar para Santos.[38] De fato, pensamos que o resto de nossa armada teria sido levado pela tempestade de volta à costa e achamos que seria melhor que nós também retornássemos. Quando o capitão-mor ouviu o que se dizia pelo navio, veio até o convés central e reuniu todos os homens. Após ter ouvido todos falarem, disse que havia dado orientação a todos os pilotos e capitães da frota que, caso o mau tempo os fizesse dispersar, deveriam rumar para Port Desire[39] e lá permanecer por quinze dias. Caso nenhum outro navio aparecesse, deveriam seguir viagem e deixar algum sinal na praia. Tendo assim satisfeito a todos, o capitão-mor prometeu vinte libras a quem primeiro avistasse uma vela e assim rumamos para Port Desire. Em dez dias chegamos em segurança a nosso destino e onde encontramos toda a nossa frota, menos o *Dainty*, o que muito nos afligiu. Como já fazia quase um ano de nossa partida da Inglaterra, ficamos aí apenas dois dias caçando alguns pingüins em uma ilha bem próxima a Port Desire.[40]

38. Diz Thomas Cavendish em sua última carta: "Eu me sentia permanentemente ameaçado por minha tripulação, que nunca deixou de conspirar e se amotinar contra mim."
39. Descoberta por Thomas Cavendish em sua primeira viagem, em 1586, a acolhedora baía foi batizada com o nome da nau *Desire*, que também tomou parte nessa segunda viagem. O local, na Patagônia argentina, é hoje conhecido como Puerto Deseado.
40. Essa ilha, que se situa em frente a Puerto Deseado, chama-se hoje Isla Pingüino.

Quando chegamos à boca dos estreitos encontramos vento contrário e fomos forçados a aguardar à entrada da baía de Port Famine[41] por três dias, até conseguirmos dobrar o cabo. Muitas vezes lançamos âncora para além do cabo, numa profundidade de vinte braças,[42] mas, de repente, a corrente arrastava os navios com cabos e âncoras durante a noite. Numa dessas correntes o *Roebuck* foi sendo arrastado e atravessou a névoa em nossa direção, de modo que não tivemos outro remédio senão cortar nossos cabos e com isso perder nossas âncoras. Ao fim de muito custo conseguimos dobrar o cabo e chegamos a Port Famine, onde permanecemos sete noites por falta de vento, além de encontrar mau tempo para seguir adiante. Enquanto estivemos em Port Famine, nossos homens iam diariamente à praia para buscar moluscos e frutas da terra para comer, bem como a casca de uma árvore parecida com canela. Certo dia quando o barco estava na praia, apareceram cerca de mil canibais nus, com penas nas mãos, mas não os conseguimos tocar pois

41. Pedro Sarmiento de Gamboa fundara em 1584 a vila Ciudad Real de Felipe, lá deixando um grupo de 400 colonos que, devido ao clima e ambiente inóspitos, morreram de fome. Vinte e três sobreviventes famintos e desesperados foram encontrados por Cavendish em sua primeira viagem, em 1586, donde o lugar foi nomeado Port Famine (atualmente Puerto Hambre). Localiza-se no estreito de Magalhães, Punta Arenas, Chile.

42. Cerca de 44 metros. Uma braça equivale a 2,2 metros.

não ousavam se aproximar de nós. Se lhes oferecíamos algo, eles o pegavam por meio de uma vara comprida e, em troca de qualquer coisa que lhes déssemos, nos davam penas. Sinalizamos a eles por comida, mas eles nos indicavam, também por gestos, que não possuíam nada além do que conseguiam pegar com suas flechas.

Já lhes contei como minha caixa e todas as minhas roupas foram lançadas ao mar. Agora, chegando ao clima frio sem roupas eu tinha pouca esperança de sobreviver, pois naquele lugar um homem podia estar bem de manhã e à noite morto de frio. Aconteceu comigo de ir em terra buscar algum alimento, pois as provisões de nosso navio eram poucas, e, ao voltar a bordo, meus pés estavam molhados e eu não tinha uma muda de roupa. Quando acordei na manhã seguinte, meus pés estavam tão dormentes que não conseguia mexer as pernas. Ao tirar minhas meias, alguns dedos saíram junto, e vi que meus pés estavam negros feito fuligem e não conseguia mais senti-los de todo.[43] Não mais conseguia caminhar.

Assim fiquei durante uns quinze dias até que chegamos numa bela baía repleta de muitas ilhas bonitas, e nos

43. Em outro trecho, Knivet diz ter perdido três dedos de um pé e quatro falanges do outro, em decorrência do congelamento.

rochedos de algumas delas encontramos barcos feitos de casca de árvore. Mais tarde encontramos muitos índios, mas nenhum quis se aproximar de nós. No lado sudeste do continente encontramos um rio que supomos ir para o mar do Sul. Nosso barco longo foi mandado subir o rio e achou-o estreito e profundo. Nas margens encontraram grandes moluscos e uma boa quantidade de pérolas, de modo que o nomeamos "Pearl River". A baía ganhou o nome de Tobias Bay[44], em homenagem ao piloto de nossa pinaça, pois foi ele o primeiro a descobri-la. Desse ponto penetramos ainda mais nos estreitos, apesar do vento contrário e do frio que matou por dia oito ou nove homens de nosso navio. Nesse lugar um ourives chamado Harris perdeu o nariz; quando tentou assoá-lo, ele acabou caindo de seus dedos no fogo. Isto John Chambers, Cesar Ricasen e muitos outros que agora estão na Inglaterra podem confirmar. O capitão-mor, sabendo por experiência que o vento permaneceria parado por pelo menos dois meses e vendo seus homens morrerem rapidamente,[45] achou melhor retornar à costa do Brasil e lá dividir nossa

44. Talvez a baía Inútil, no Chile.

45. Sobre esse episódio, relata John Jane: "Passamos, naquele momento, por revezes duríssimos, enfrentando tempestades monstruosas, com nevascas sem fim, e muitos de nossos homens morreram de frio e de fome." E diz Thomas Cavendish em sua

frota entre os portos de Santos, que fica na costa, Rio de Janeiro e Espírito Santo.[46] Ele pretendia com isso não só reabastecer-se de cordas, velas e comida a preços que estava certo em conseguir, mas também tomar Santos novamente.

O capitão-mor então rumou de volta em direção ao Brasil com essas intenções, chegando a Port Famine, onde ficamos ancorados por dois dias. Lá verificou quantos de seus homens ainda estavam vivos e ordenou que alguns deles que se achavam muito doentes fossem deixados em terra.[47] Eu me achava tão doente nos estreitos que ninguém acreditava que sobreviveria e duas vezes levaram-me ao convés para lançar-me ao mar. Mas foi graças à vontade de Deus que, assim que terminaram de proferir

última carta: "O mês de maio finalmente chegou, mas não tivemos nada além de miseráveis nevascas e geadas tão rigorosas que em toda a minha vida não vi nada a que se compare. Esses extremos fizeram com que os homens doentes piorassem; em sete ou oito dias, nessas terríveis condições, morreram quarenta homens, e setenta ficaram doentes, de forma que não restaram mais do que cinqüenta homens capazes de manter-se de pé sobre o convés."

46. Em sua última carta, Thomas Cavendish conta que, nesse momento, reuniu sua tripulação e disse que pretendia ir para a China, pelo cabo da Boa Esperança – contra o que se levantaram os homens do navio. Foi, portanto, forçado a voltar "para a costa do Brasil, como eles tão ardentemente desejavam, e eu tão profundamente odiava... essa amaldiçoada costa do Brasil, onde enfrentei toda a sorte de infortúnios."

47. Diz John Jane: "Todos os homens doentes do galeão foram impiedosamente deixados na costa, na floresta, expostos à neve, ao vento e ao frio, em condições em que mesmo homens saudáveis dificilmente teriam resistido, e onde terminaram seus dias miseravelmente."

as orações que costumavam fazer quando um homem morria e puseram suas mãos em mim para lançar-me ao mar, consegui falar, pedindo que não o fizessem enquanto ainda estivesse vivo. O capitão-mor teria me deixado na praia nesse retorno a Port Famine, se o capitão Cocke não tivesse intercedido por mim. E foi assim que permaneci no navio. Minhas roupas estavam em trapos, os dedos de meus pés cheios de vermes que (Deus é minha testemunha) se apinhavam sob a minha pele e a de muitos outros. Eu não tinha uma cabine, ficava deitado num caixote.

Saímos dos estreitos com toda a nossa frota, menos o *Dainty*, que se perdeu de nós no rio da Prata durante a tormenta que enfrentamos, e o *Crow*,[48] que tinha naufragado. Após deixarmos os estreitos, chegamos mais uma vez a Port Desire e de lá mandamos nossos barcos à ilha dos Pingüins para caçar alguns. Lá o capitão-mor capturou um cirurgião que curava com palavras. Quando subiu a bordo de nosso navio esse homem disse algumas palavras sobre meus pés de modo que voltei a senti-los, e também minhas pernas, o que não acontecia há quinze dias. Muitas vezes antes de esse homem aparecer haviam

48 .Um grande bote auxiliar pertencente ao galeão *Leicester*, provavelmente construído em Santos.

colocado ferros em brasa nos meus pés, mas, por mais quentes que fossem, eu nada sentia.

No dia em que partimos de Port Desire o capitão-mor mandou recados para todos os pilotos ordenando-lhes que mantivessem o curso juntos até a meia-noite e que, quando lhes mostrasse duas luzes, deveriam afastar-se e rumar para a costa. Entretanto, Davis, capitão do *Desire*, e Tobie, o piloto do *Pinnace*, nos enganaram e rumaram para os estreitos,[49] como fiquei sabendo mais tarde por alguns de seus homens que foram capturados no Brasil depois de mim.[50] Três ou quatro dias depois disso enfrentamos uma grande tempestade durante a qual o *Roebuck* perdeu seu mastro principal e se extraviou. Agora estávamos completamente sós em um único navio grande e não sabíamos o que fazer. No final decidimos

49. Thomas Cavendish acreditava ter sido traído por John Davis, o capitão do *Desire*, o que teria causado a ruína de sua viagem: "A fuga do vil Davis foi a minha própria morte e a derrocada de toda a empresa, e a sua traição ao ter desertado, a ruína de tudo." John Jane, que estava no navio de John Davis, conta, em seu relato, uma versão favorável ao seu capitão: a nau de Cavendish teria saído da rota estabelecida, levando a *Desire* a procurá-lo em Port Desire, onde o esperaram: "Como nossa esperança na chegada do almirante começasse a arrefecer, nosso capitão e nosso mestre convenceram-se de que ele tinha ido diretamente para os estreitos, e dessa forma concluíram que deveríamos rumar para lá e esperar sua chegada, porque de lá era impossível não o avistar quando ele por ali passasse."

50. Em outro trecho, Knivet relatará seu encontro com o médico Andrew Towers, um dos sobreviventes do ataque à nau de Davis em Ilha Grande, em fevereiro de 1593.

rumar para Santos na esperança de lá encontrar o restante de nossa companhia. Enquanto durou essa tormenta, permaneci sentado num caixote sem poder me levantar. Quando o navio pendia para um lado, o caixote deslizava de estibordo a bombordo, até que, graças à vontade de Deus, acabou caindo entre uma peça de canhão e a cabine do carpinteiro, de um lado, e entre uma outra peça e a cabine do cirurgião do outro. Fiquei assim a noite toda e, embora sentisse muito frio, graças à vontade de Deus o caixote não virou, caso contrário eu não teria sobrevivido. No dia seguinte a tempestade passou e a maioria de nossos jovens marinheiros, a quem chamamos homens da verga[51], estando exaustos do trabalho da noite toda, desceram para dormir um pouco e se recusavam a subir para fazer qualquer tarefa que se apresentasse. O capitão-mor então desceu, segurando uma corda do tamanho do meu braço, e um dos marinheiros se escondeu atrás de mim. Vendo-o, o capitão-mor brandiu a corda contra ele, mas acabou me atingindo num lado da cabeça. Meia hora depois, como ainda estivesse na mesma posição, levaram-me para lançar-me do convés do navio, mas foi

51. No original, "*men of top a yard*": os homens mais vigorosos e ágeis, encarregados de escalar as vergas e armar e desarmar as velas maiores.

a vontade de Deus que eu conseguisse falar. E assim me salvei. Nesse local um dos índios que havia procurado o capitão-mor no meio da noite em Santos, por uma falta de sorte, caiu no mar e se afogou.

Depois de muitos trabalhos alcançamos o porto de Santos, onde não encontramos nenhum membro de nossa companhia. Ancoramos bem em frente a um engenho de açúcar que ficava na beira do mar e o capitão-mor perguntou se algum de nós desejava ir até a praia.[52] O capitão Stafford, o capitão Southwell e o capitão Barker se ofereceram junto com mais vinte homens e embarcaram num bote feito de madeira de caixotes de açúcar e de barris. Ao desembarcarem assaltaram o engenho, capturando-lhe uma grande barcaça que logo carregaram com comida e mandaram até o nosso navio, o que foi mais bem vindo do que se fosse ouro.[53] Ficamos ali o resto do dia e no dia seguinte novamente

52. Diz Thomas Cavendish, em sua carta, que um dos índios embarcados anteriormente e o capitão Barker vieram lhe pedir permissão para tentar conseguir víveres em um engenho muito rico, que o índio conhecia bem, no que ele consentiu, dando-lhes vinte ou trinta homens para acompanhá-los e ordenando que voltassem o mais rapidamente possível.

53. Afirma Cavendish que, desobedecendo suas ordem para que voltassem rapidamente, permaneceram em terra e mandaram ao navio um bote com apenas farinha, seis galinhas e um pequeno porco.

nos mandaram a barcaça carregada com açúcar e farinha de milho. O capitão-mor então mandou avisá-los para voltar,[54] mas eles responderam que ainda tinham mais a embarcar da praia e antes que tudo estivesse a bordo não retornariam. No terceiro dia em que nossos homens permaneciam em terra os portugueses os emboscaram. Nosso bote estava na praia, mas como o vento soprava da terra a barcaça não se afastou de nosso navio durante todo aquele dia. No dia seguinte ao assassinato de nossos homens, nosso barco longo foi até a praia e trouxe-nos notícias de como o bote tinha sido destruído e todos os nossos homens, mortos. Um dos índios de quem já falei tinha desembarcado com os homens e, quando estavam todos no auge da luta, conhecendo bem a região, fugiu, com uma flecha atravessada no pescoço e outra que lhe entrava pela boca e saía pelas costas. Esse índio veio até nós agarrado num tronco e contou-nos que todos os nossos homens haviam sido mortos.[55]

54. "Eu ordenei que voltassem a bordo imediatamente", conta Cavendish, dizendo ter feito todos os sinais possíveis para estimular o retorno de seus homens, não tendo obtido sinal deles.

55. Conta Cavendish: "Na manhã seguinte, vi um índio vindo em direção ao mar e se dirigindo ao navio; nós estávamos ansiosos por notícias ..... quando o vimos, percebemos que se tratava de nosso próprio índio, que tinha conseguido escapar, ferido em três lugares; ele nos contou que o resto de nossos homens tinha sido trucidado

O capitão-mor então achou melhor partir rumo à ilha de São Sebastião e, se lá não encontrasse nenhum dos outros navios, voltaria para a Inglaterra. No mesmo dia em que estávamos para partir de Santos, o *Roebuck* passou na embocadura do rio da Bertioga[56], onde estávamos, e descarregou um tiro de canhão. Respondemos com um outro e assim o *Roebuck* aproximou-se com seus mastros quebrados. Depois que se juntou a nós, chegamos mais perto da vila com o intuito de atacá-la com a nossa artilharia. Mas devido à pouca profundidade o galeão *Leicester* encalhou, e tivemos muito trabalho para desencalhá-lo e desembarcamos oitenta de nossos homens num pequeno rio perto da vila. Lá encontramos amplas provisões de raízes de mandioca, batatas, bananas e abacaxis. Quando os portugueses viram nossos homens no rio, mandaram seis canoas em nossa direção, mas nós, quando os vimos, atiramos na direção deles com a corrente de nossa bomba d'água, o que os fez retroceder. Assim, nossos barcos

por trezentos índios e oitenta portugueses, que ao anoitecer caíram subitamente sobre eles. Então eu perguntei por que eles não tinham embarcado quando ordenei. O índio me respondeu que alguns não queriam vir, e o resto não fizera mais que comer galinhas e porcos, que tinham em abundância, e que eles não pretendiam de maneira alguma embarcar. Deixo que você julgue a minha dor naquele momento, privado de meus principais homens e do bote de que tanto precisava."

56. No original "*river of Bertia*". Trata-se, na verdade, de um canal.

puderam voltar em segurança, com boa quantidade das ditas raízes. Em nosso navio havia um português que havíamos aprisionado no navio capturado em Cabo Frio. Esse português tinha ido conosco ao estreito de Magalhães e, vendo nosso fracasso, contou-nos de uma vila chamada Espírito Santo. Disse-nos que poderíamos ir até a dita vila com nossos navios e que, sem nenhum risco, poderíamos assaltar muitos engenhos de açúcar e conseguir boa provisão de gado.

As palavras desse português nos fizeram desistir de nossa intenção de rumar para São Sebastião. Partimos então para o Espírito Santo e assim, depois de oito dias, chegamos à entrada do porto. Após algum tempo, conseguimos lançar âncora na baía e logo mandamos nossos barcos sondar o canal, onde não encontramos nem metade da profundidade que o português nos tinha dito que encontraríamos. O capitão-mor, achando que o português nos desejava trair, sem nenhum julgamento mandou enforcá-lo, o que foi feito imediatamente.[57] Naquele momento todos os sobreviventes desejavam desembarcar e atacar a vila. O capitão-mor não queria de jeito nenhum e argumentou contando-lhes das várias

57. Thomas Cavendish também conta esse episódio do português, mas não menciona o enforcamento.

inconveniências. Mas nada os convenceu e estavam tão insistentes que o capitão-mor escolheu cento e vinte homens dos melhores que havia em ambos os navios e enviou o capitão Morgan, um soldado de especial habilidade em terra, e o tenente Royden para comandarem essa ação. Desembarcaram com um dos barcos em frente a um pequeno forte e afugentaram os portugueses que lá estavam. O outro barco seguiu mais adiante, onde se travou uma luta muito violenta. Nossos homens tiveram suas vidas rapidamente abreviadas, já que desembarcaram num rochedo que ficava em frente ao forte e, ao saltarem do barco, escorregavam com todas as armas no mar e assim a maioria deles se afogou. Em resumo, perdemos oitenta homens naquele lugar e, dos quarenta que voltaram, não havia um sequer sem uma flecha ou duas em seu corpo, e muitos tinham cinco ou seis.

Quando vimos que não teríamos sucesso naquele lugar, decidimos ir novamente à ilha de São Sebastião onde pretendíamos queimar um de nossos navios e então seguir para os estreitos mais uma vez. A tripulação do *Roebuck*, tendo ouvido esse plano, fugiu de nós durante a noite e ficamos novamente sós.[58] Durante o percurso

58. Segundo Cavendish, a tripulação do *Roebuck* decidiu, desobedecendo às suas ordens, voltar imediatamente para a Inglaterra, deixando todos os homens feridos no

até chegarmos à ilha de São Sebastião eu permaneci na segunda coberta, mancando, doente e quase morto de fome. Não conseguia nem andar, de tão fraco que estava. Quando chegamos nessa ilha, a primeira coisa que se fez foi abandonar os homens doentes em terra para cuidarem de si mesmos.[59] Vinte foram deixados na praia e todos conseguiam mover-se embora estivessem muito fracos. Já eu (ai de mim!) tinha os dedos carcomidos, meu corpo estava negro e não conseguia falar nem andar. Por causa disso me deitaram na beira do mar e assim fiquei das cinco horas da manhã até algo entre onze horas e meio-dia. Naquele momento, quando o sol estava no ponto mais alto e seu calor extremo espetava meu corpo, despertei, como alguém que estivesse adormecido. E vi que aqueles que tinham sido deixados na praia comigo jaziam mortos ou moribundos ao meu redor. Esses homens haviam comido um tipo de ervilha que cresce na beira do mar, e que os tinha envenenado. Quando os vi todos mortos, louvei a Deus que os tinha livrado de seu estado miserável,

Leicester e levando quase todos os mantimentos e os cirurgiões – "deixando-nos na mais desesperadora situação em que um cristão já deixara outro".

59. Cavendish não menciona o abandono dos homens, apenas diz que a maioria de sua tripulação estava doente ou ferida. Também não menciona os homens doentes que abandonara no estreito de Magalhães.

e amaldiçoei minha má sorte, que até mesmo a própria morte se recusava a dar cabo de minha vida atormentada e tão miserável. Olhei para a praia e não vi nada além dessas ervilhas. Se eu as comesse, morreria com certeza, e se não as comesse, certamente morreria de fome.

Em meio a esses pensamentos, olhei na direção do navio para ver se voltaria à praia mas, (ai de mim!), minha esperança se resumia a ter uma morte rápida. No entanto, foi a vontade de Deus que eu percebesse algo se mexendo na beira do mar enquanto a maré estava baixa. Fui engatinhando como uma criança até chegar à beira do mar e então vi muitos caranguejos entrando em buracos na lama. Tirei uma de minhas meias e enchi-a de caranguejos. Levei-os então, como pude, até uma figueira oca onde havia uma grande fogueira acesa. Joguei-os no carvão e comi-os todos. Depois me deitei para dormir até o dia seguinte, quando esperei pela maré baixa para conseguir mais comida. Assim passei oito ou nove dias, durante os quais não vi sinal de homem algum. O fedor de alguns dos homens mortos que não tinham sido levados pelo mar era tão insuportável que fui forçado a deixar aquele lugar. Enquanto percorria a praia em busca de um local para ficar, passei por um bonito rio que desaguava no mar. Achei ser esse um bom lugar para assentar-me por causa da água fresca, mas eu devia estar lá por quase metade de um quarto de hora quando vi uma coisa imensa saindo da água, com escamas enormes nas costas, garras horríveis e uma cauda comprida. Essa fera veio em minha direção e, quando vi que não tinha meios de afugentá-la, decidi enfrentá-la, mas, ao me aproximar, estaquei espantado em ver uma criatura tão monstruosa. Nesse instante, a fera parou, abriu a boca e lançou para fora uma língua comprida como um arpão. Encomendei minha alma a Deus esperando ser despedaçado, mas a fera virou-se e voltou para dentro do rio, e eu continuei seguindo pela beira.[60]

No dia seguinte penetrei ainda mais o interior da ilha, temendo permanecer naquele lugar, e acabei encontrando uma grande baleia encalhada na praia, como um navio com a quilha para cima, toda coberta com uma pequena camada de musgo, dado o tempo em que se achava assim. Nesse local construí uma pequena cabana e alimentei-me da carne da baleia durante quinze dias. Ao final desse período o capitão-mor abandonou mais quarenta homens na praia no mesmo local onde eu havia sido deixado. Além disso, usou o local para consertar o

60. Quase todos os cronistas do século XVI descrevem monstros marinhos que surgem em praias e rios. No entanto, a descrição de Knivet se afasta das outras (mais fantasiosas), e parece referir-se a um jacaré.

seu bote e manteve o seu cozinheiro, John Chambers, que hoje mora em Londres, encarregado de uma rede de pesca permanentemente estendida. Depois que esses homens foram deixados em terra, saí do local em que me achava com a baleia e fui juntar-me a eles, já que me encontrava bastante bem e capaz de caminhar, pois o hábito de ir ao mar havia curado meus pés. Durante uns sete ou oito dias desde que esses homens haviam desembarcado recolhemos lenha e água para o navio, mas ao final desse tempo os portugueses do Rio de Janeiro chegaram ao extremo norte da ilha onde ficava a baleia. Capturaram dois de nossos homens mas um conseguiu escapar e veio até nós durante a noite para contar-nos que os portugueses e os índios haviam desembarcado. Naquele dia tínhamos pegado uma grande tartaruga na praia e dissemos ao marinheiro para alegrar-se, pois se isso fosse realmente verdade, era melhor para nós, já que tínhamos certeza de que o capitão-mor não nos deixaria embarcar de novo no navio. Com isto, encomendamos nossas almas a Deus, bebemos à boa viagem de nossos amigos no mar e decidimos caminhar ao longo da praia com uma camisa branca servindo como bandeira de paz. A maré, no entanto, estava tão alta que nos impediu, e assim decidimos montar guarda em turnos, até o momento em que os avistássemos. Coube a mim o primeiro turno e fiquei de guarda até cansar, então chamei um de meus companheiros para render-me. Ele, entretanto, respondeu-me zangado: "Quieto! Isso não passa de uma mentira." Então, deitei-me junto ao fogo como os outros mas, antes que pudesse dormir, os portugueses chegaram. Quando me levantei, um deles prendeu-me pela perna e fomos todos levados para a praia, onde todos os que tinham sido capturados comigo foram golpeados na cabeça com tochas acesas. O índio que me trazia preso brandiu duas ou três vezes uma pequena adaga contra mim mas, lutando para me desvencilhar dele, gritei em português que, se me salvassem, eu poderia lhes dar informações importantes. Nesse instante passava ali por perto um português. Eu então o agarrei e, da melhor forma que pude, contei-lhe uma história que acabou salvando minha vida naquele momento.[61] Esse português entregou-me novamente a um selvagem, mas eu gritei, dizendo-lhe que o seguiria aonde quer que fosse. Ele, no entanto, recomendou-me que não temesse, dizendo-me que aquele selvagem era seu escravo e que ele me levaria ao seu capitão. Assim, tive de contentar-me em seguir,

61. Segundo o pesquisador inglês R.F. Hitchcock, a "história" contada por Knivet para salvar a própria pele era a de que era católico, pois sabia que os protestantes eram imediatamente mortos pelos portugueses. No entanto, Knivet pode ter revelado ter informações importantes sobre possíveis novos ataques dos ingleses.

sem saber para onde, esse canibal que me levava pela praia. Quando chegávamos a um local em que os rochedos avançavam pelo mar, ele me carregava nas costas e nadava comigo ao longo das pedras até que alcançássemos a areia novamente. Assim seguimos quase a noite toda até que, afinal, chegamos a um grande penhasco que ficava na beira do mar. Então o selvagem assobiou e um outro selvagem respondeu-lhe do penhasco. Imediatamente cinco ou seis portugueses apareceram e entre eles veio o capitão com um pedaço de pão com marmelada na mão e, assim que me viu, perguntou-me que informações eu tinha. Respondi que tinha muita fome e gostaria que ele me desse algo de comer, e que depois disso eu daria todas as informações que tivesse. Ao ouvirem isso os portugueses caíram numa sonora gargalhada e deram-me pão e peixe para comer. Depois de comer aquilo que tinham me dado, disse-lhes a verdade sobre tudo o que me perguntaram. Nesse local mataram vinte e oito de nossos homens e pouparam somente a mim e a Henry Barrawell[62], que se salvou graças a mim.

62. Segundo Francisco Carvalho Franco, Henry Barrawell teria se fixado na vila de São Paulo de Piratininga, tendo seu sobrenome aportuguesado para Baruel, dando origem a uma família existente até os nossos dias. Ao longo do texto, Knivet (ou seu editor) emprega várias grafias para Henry Barrawell.

Capítulo 2

A chegada de Anthony Knivet ao Rio de Janeiro e os hábitos entre os portugueses e os índios. Suas diversas viagens através de várias regiões dessas partes

No dia seguinte, nosso navio levantou âncora e, embora eu não saiba dizer por onde passamos, os portugueses nos levaram para o Rio de Janeiro. Eu viajava com um mestiço[1], que é um sujeito metade português e metade selvagem, o mesmo que salvou minha vida na noite da captura. Quando chegamos à cidade de São Sebastião, no Rio de Janeiro, os portugueses que vinham nas canoas fizeram tal algazarra com apitos e tambores que todos na cidade vieram até a praia para nos ver. Com isso as canoas giravam como se estives-

1. No original, "*mestizo*". O navegador Richard Hawkins também menciona, como uma singularidade, um "*mistecho*", e explica: "São aqueles que têm, ao mesmo tempo, sangue espanhol e índio."

sem numa batalha e dois portugueses tomaram-me e lançaram-me em direção à praia dizendo: "Eis a nossa presa." O mar estava tão revolto que fui carregado pela correnteza e quase me afoguei, não fosse uma mulher que, vendo-me ser arrastado pelas ondas, mandou dois ou três escravos me salvarem. Quando cheguei em terra, todos os portugueses estavam reunidos na igreja de Nossa Senhora[2] e, embora eu desejasse entrar também, eles não queriam me deixar fazê-lo, dizendo que eu não era cristão. Logo fui levado à presença do governador[3], que então me deu ao homem que me tinha salvado. Isso me deixou bastante satisfeito, já que ele tinha me tratado com muita gentileza quando vínhamos da Ilha de São Sebastião. Durante os três meses em que fiquei

2. Segundo Vivaldo Coaracy, "a devoção dos primeiros habitantes erguera, na baixada, várias ermidas e capelas, da maioria das quais é ignorada a data exata da fundação. Entre as que vinham do século XVI, devem ser mencionadas a de N. Sra. do Ó, junto à praia, no local onde hoje se acha a Catedral; a de N. Sra. da Ajuda, levantada à beira dum caminho que, numa crista entre as lagoas de Santo Antônio e do Boqueirão, se dirigia para o Morro do Desterro."

3. Salvador Correia de Sá, sobrinho de Mem de Sá, foi duas vezes capitão-mor da capitania do Rio de Janeiro (1568-72 e 1578-98). Possuía uma sesmaria na ilha dos Maracajás ou ilha do Gato, atual Ilha do Governador, e engenhos de açúcar numa vasta propriedade que englobava os atuais bairros da Barra da Tijuca, Jacarepaguá e Guaratiba. Deu origem a uma dinastia de governantes da família Correia de Sá no Rio de Janeiro.

com esse homem, eu cuidava da casa, levava seus porcos até a praia e de lá trazia, todos os dias, uma cesta cheia de enormes caranguejos que ficam em buracos no lodo, tão fundos que se pode enfiar dentro um braço inteiro. Era uma vida boa: meu senhor me chamava de filho e eu fazia as refeições com ele. Também tinha minha própria rede de dormir e dormia no mesmo quarto que ele.

Certo dia, enquanto eu banhava alguns cachorrinhos na beira do mar, veio uma canoa cheia de portugueses que me levaram com eles até a vila. No entanto, logo que desembarquei, lembrei-me da casa de meu senhor, corri de volta, e no caminho encontrei Henrie Barway. No dia seguinte o governador mandou chamar-me e perguntou-me quem eu era. Eu respondi-lhe que era um pobre rapaz de bordo, ao que Henrie Barway me repreendeu, perguntando-me por que dizia isso ao governador.[4] Eu lhe respondi que eu era apenas o que tinha dito e assim o governador ordenou que eu fosse levado ao engenho de açúcar.[5] Lá permaneci por três meses, até que todas as minhas roupas ficaram em farrapos de tanto trabalhar noite e dia em uma barcaça, transportando cana-de-açú-

4. Knivet não achou conveniente revelar sua origem nobre.
5. O engenho da ilha dos Maracajás. Ver nota 3.

car e madeira para a moenda. Com a vida miserável que eu levava nem me importava mais com o que fazia. Eu não recebia alimento ou roupas, mas sim mais chibatadas que um escravo das galés. Com isso decidi fugir para a selva, pois fiquei envergonhado de aparecer nu na frente de portugueses. Construí uma cabana em uma grande caverna na selva, onde permaneci por sete meses. Durante o dia eu pescava para viver e à noite eu ia até as cabanas de alguns índios, e eles me davam farinha de mandioca em troca dos peixes, além de muitos tipos de raízes que me serviam de pão. No final, o governador mandou que me buscassem, deu-me um traje azul e mandou-me trabalhar numa horta onde eu carregava terra e cavava o chão para plantar couves e nabos.

Depois disso encarregaram-me mais uma vez da barcaça de açúcar, onde me trataram ainda pior do que antes, pois o feitor odiava ingleses e me tratava mais como um cão do que como um homem. Depois de quatro meses no barco, um dos filhos do governador, chamado Martim de Sá[6], chegou do Espírito Santo.

6. Martim Correia de Sá, filho de Salvador Correia de Sá, foi duas vezes governador do Rio de Janeiro (1602-08, e 1623 até a sua morte, em 1632). Comandou, por determinação do pai, uma grande entrada de exploração aos sertões, em 1596, como conta Knivet, em busca de minas e metais preciosos, e organizou várias outras viagens de

Esse homem teve pena de minha pobre vida miserável e pediu ao pai que me cedesse a ele, o que foi feito. Passei a ser muito bem tratado pelo meu novo senhor, durante os dois anos em que lhe servi. Algum tempo depois ele e sua madrasta[7] desentenderam-se, donde o governador decidiu enviá-lo[8] a uma aldeia chamada Guaianases[9], que vivia em paz com os portugueses, e cujos moradores vendiam as próprias esposas e filhos em troca de facas e machadinhas. Acompanhei-o nessa viagem e chegamos a uma aldeia chamada Jaguarapipo, que quer dizer "é esse o cachorro?".[10] Vendo como eu me esforçava em ajudá-lo, meu senhor me enviou, juntamente com oito escravos carregados de

mesmo caráter. Casou-se com uma senhora espanhola, e de seus filhos a figura de maior relevo é Salvador Correia de Sá e Benevides.

7. D. Inês de Sousa, parente de Martim Afonso de Sousa. Conta frei Vicente do Salvador, em sua *História do Brasil*, que d. Inês organizou a defesa do Rio de Janeiro, em 1582, quando seu marido estava fora em uma expedição e uma frota francesa ameaçava a cidade. Em outro trecho da narrativa, Knivet descreverá como d. Inês, em 1598, tornou a defender a cidade, ameaçada pela frota de Olivier Van Noort.

8. Eram viagens que tinham como objetivo a compra de escravos entre os índios.

9. No original, "*Wyanasses*", "*Vaanasses*", "*Wayanasses*" ou ainda "*Vannasses*". Os índios guaianá ou goianá, de Ilha Grande, teriam um importante papel do desbravamento do sertão, servindo de guia a duas entradas de Martim de Sá, das quais Knivet dá aqui seu testemunho, que atingem os territórios de Minas Gerais e São Paulo, partindo do Rio de Janeiro. Provavelmente pertenciam ao tronco jê, não-tupi.

10. Segundo Teodoro Sampaio, que reconstituiu as entradas de Knivet pelo sertão, essa aldeia se situaria no vale do rio Ariró, no fundo da baía de Angra dos Reis, e o significado correto do nome seria "onça em pé".

machadinhas e facas, para uma outra tribo de canibais chamados puris[11]. Eles também viviam em paz com os portugueses, que, no entanto, há tempos não os visitavam. Cheguei à aldeia dos puris, onde fui saudado da seguinte maneira:

Assim que cheguei me dirigi a uma grande cabana que julguei ser a do rei, que eles chamam Morubixaba[12]. Eles tinham acabado de pendurar uma bela rede entre duas estacas e disseram-me que sentasse nela. Assim que o fiz, vieram pelo menos umas vinte mulheres e, enquanto algumas deitavam a cabeça no meu ombro, outras no meu colo, começaram a chorar tão alto e de modo tão sentido que fiquei perplexo.[13] No entanto preferi continuar sentado e quieto até que elas terminassem. Assim que as mulheres se foram, entrou um ancião todo pintado de vermelho e preto, com três grandes buracos no rosto, um embaixo do lábio e outro em cada lado da boca, e em cada buraco ele trazia enfiada uma bonita pedra verde. Esse canibal caminhou pela cabana até onde eu estava, carregando

11. Os puris eram índios do tronco jê, não-tupi.
12. No original "*morovichava*". Morubixaba, em tupi, significa cacique, chefe.
13. Trata-se de uma saudação de boas-vindas observada por vários cronistas.

uma espada de madeira na mão, falando muito alto e parecendo louco, batendo com a mão no próprio peito e na coxa. E ficava andando de um lado para o outro e gritando. Depois que esse selvagem acabou de falar, me deu um tapa na cabeça e me desejou boas vindas, ordenando que me fosse servido tudo o que havia de comer na casa. Umas duas ou três horas após a minha chegada, toda a aldeia, bem como outras aldeias vizinhas, já tinha recebido a notícia de minha vinda.

Enquanto estive nessa aldeia, um selvagem de nome Guainumbi[14], que detestava os portugueses, veio com duas mulheres até mim. Quando entrou na cabana onde eu estava, colocou as mãos nos pescoços delas e assim ficou dançando para mim. Depois de ter dançado por uns quinze minutos, falou comigo, dizendo: "Vê estas mulheres? Consegui o amor delas pelo meu valor. Jurei fazer todas as suas vontades e o seu desejo agora é que eu o mate, como já fiz com muitos outros." Respondi-lhe que não tinha vindo como inimigo dele ou de qualquer um dos seus, mas sim como um amigo que trazia muitas coisas que,

14. No original "*Waynembuth*".

eu estava certo, ele desejava. Disse-lhe que, se nada o satisfizesse a não ser minha vida, ele poderia estar certo de que ele e todo o seu povo pagariam por isso. Ele nada respondeu, mas foi até meus pertences que estavam no chão ao meu lado, e começou a dividi-los entre suas concubinas. Pulei então de minha rede, tomei a espada na mão e empurrei o canibal para longe de meus pertences, quase o derrubando. Ele não ousou tocar novamente nem em minhas coisas nem em mim, mas ficou esbravejando e ameaçando matar-me. Fez tanta algazarra que o ancião entrou na cabana e, vendo-me parado com minha espada na mão, perguntou-me qual era o problema, ao que lhe contei o que havia acontecido entre mim e o dito canibal. Depois de me ouvir, ele virou-se para o canibal que tinha me atacado e perguntou-lhe o motivo de semelhante afronta, importunar um amigo seu dentro da sua aldeia. Irritado, mandou-o deixar a aldeia ou se arrependeria de ter se aproximado. Temendo as conseqüências, o homem partiu junto com suas concubinas. Na manhã seguinte chegaram novas de que Guainumbi estava a caminho com trezentos canibais para levar-me à força para sua aldeia, onde eu seria morto segundo as leis da terra. Havia notícias também de como ele havia deixado ordens para que suas esposas preparassem vinho[15] para toda a aldeia, especialmente para a ocasião.

Quando o ancião soube disso, imediatamente mandou todo o seu povo pegar em armas, pedindo que todos o seguissem até o campo para enfrentar aqueles que vinham atacá-lo. Ao ouvirem essa ordem, todos soltaram um grande brado, dizendo que preferiam morrer a serem desonrados. O ancião me abraçou muitas vezes e pediu-me que esperasse na sua cabana. Agradeci-lhe a amizade mas disse-lhe que de modo algum eu ficaria para trás, esperando por ele. E assim fui com ele enfrentar o canibal no campo. Como estivéssemos em maior número, eles mandaram três ou quatro mensageiros até onde estávamos, que vieram em boa paz para comprar e vender coisas que usavam. O ancião então permitiu que eles todos viessem até a aldeia, menos o canibal que o tinha insultado no dia anterior. Naquela noite dei toda a minha mercadoria ao ancião e pedi-lhe que, em troca dela, me conduzisse para fora de suas terras. No dia seguinte, o ancião me deu setenta escravos, além de trezentos arqueiros

15. O cauim, preparado para a cerimônia do sacrifício do prisioneiro – no caso, do próprio Knivet, a quem os índios pretendiam aprisionar.

que me acompanharam até que eu atravessasse o rio Paraíba.[16] De lá retornaram à aldeia e eu, em quarenta dias, facilmente cheguei de volta à Ilha Grande.[17] Lá encontrei meu senhor, Martim de Sá, que muito se alegrou com meu retorno e, em recompensa pelos meus esforços, prometeu dar-me dar um dos homens como escravo. No entanto, quando chegou ao Rio de Janeiro, vendeu-os todos sem me dar nenhum.

Após dois meses em casa, meu senhor decidiu mandar-me de novo até os índios para conseguir mais escravos, mas dessa vez eu sabia que nada ganharia e recusei. Por causa disso ele me devolveu ao pai, imaginando que eu preferiria ir na viagem a servir seu pai na barcaça de açúcar. No entanto, aceitei voltar para lá na esperança de receber tratamento melhor do que antes. Seu pai, então, ordenou-me pescar num pequeno barco com o fim de conseguir óleo para o engenho. Certa noite, quando eu estava perto de uma

16. No original "*Paraeyua*", "*Paracyua*", "*Parayeva*" ou ainda "*Paraeyva*".

17. Segundo Teodoro Sampaio, essa viagem de Knivet pelo sertão, provavelmente realizada em 1594, seguiu o seguinte itinerário: partindo da aldeia guaianá de Jaguarapipo, tomou o caminho da serra do Mar e atravessou-a nas cabeceiras do rio Bananal, seguindo a direção norte; cruzando o rio Paraíba, entrou no vale do rio Turvo, aproximando-se da serra da Mantiqueira, nos atuais municípios de Valença e Rio Preto, onde se encontravam os puris.

pedra tentando pescar tubarões,[18] que os portugueses chamam *tubarones*, prendi a linha de pesca sob o corpo e adormeci. Mais ou menos à meia-noite, com o início da maré cheia, um tubarão fisgou o anzol e, como a linha estava embaixo de mim, acordei. Com a linha na mão, ao correr pelas pedras, não sei como a linha acabou se enroscando na minha perna e o peixe me arrastou para o mar. Assim que caí na água o tubarão nadou na minha direção como se fosse me devorar, mas logo que o vi se aproximando consegui agarrar o anzol que estava na sua boca e, com um puxão para baixo, acabei conseguindo que o tubarão nadasse para longe. Nesse momento lembrei-me de que eu tinha uma faca que trazia amarrada numa linha pendurada no pescoço, como os índios. Com ela consegui cortar a corda, senão teria sido aí o fim de minhas desgraças. Meu corpo ficou todo arranhado pelas pedras ásperas e durante duas semanas não conseguia andar.

Depois que me recuperei, o governador mandou-me ir pescar novamente. Recebemos notícias no Rio

18. No original "*dog-fish*". O navegador inglês Richard Hawkins (ver nota seguinte) também escreve sobre os tubarões avistados no Brasil: "O tubarão [*shark*] ou *tiberune* é um peixe parecido com aquele que chamamos de *dog-fish*, mas é muito maior; eu vi alguns deles que mediam oito ou nove pés de comprimento."

de Janeiro de que o capitão Hawkins[19] estava em Cabo Frio, o que me deixou ainda mais desejoso de ficar perto da praia, para tentar alcançá-lo. Deu-se que, certo dia, estando eu pescando próximo a uma ilha, a umas duas milhas da praia,[20] o capitão Hawkins passou pelo mar tão longe que só foi possível vê-lo porque o dia estava muito claro. Assim que avistei o navio, mandei os índios que me acompanhavam desembarcar na ilha, com o pretexto de buscarem provisões. Eu tinha certeza de que naquela noite o capitão Hawkins iria fazer aguada[21] na ilha de São Sebastião e, percebendo o vento favorável e todos os índios desembarcados, icei a vela e rumei para lá. A sorte, no entanto, foi tão cruel comigo que, quando já podiam me avistar dos navios, soprou um vento contrário, causando uma tal tempestade, que acabei lançado contra um rochedo. Meu barco se espatifou e eu mesmo fiquei todo arranhado e machucado pelas

19. Sir Richard Hawkins – autor da narrativa de viagem *The Observations of Sir R. Hawkins Knight, in his Voyage into the South Sea An. Dom.1593*, publicada na mesma coleção do livro de Knivet, em 1625 –, pertencente a uma ilustre família de navegadores ingleses, participou do ataque à Invencível Armada espanhola. Seu objetivo era atingir o Japão, as Filipinas e as Molucas, seguindo o estreito de Magalhães; no entanto, foi aprisionado pelo espanhol d. Beltrán de la Cueva, no litoral do Chile.
20. Cerca de 4,4 quilômetros. Uma milha equivale a 2,2 quilômetros.
21. Abastecer os navios com água doce.

pedras. Consegui desembarcar nessa ilha rochosa, mas fiquei três dias sem ter o que comer e sem meios de deixá-la. Os índios que eu tinha deixado na ilha onde estávamos pescando conseguiram voltar para a cidade e contaram ao governador como eu os tinha enganado. Tão logo recebeu essas notícias, o governador mandou duas canoas em busca dos navios. Essas canoas atracaram na ilha onde eu estava e lá me encontraram faminto e com o rosto todo machucado de tanto ter sido lançado contra as pedras.

De lá eles seguiram para a ilha de São Sebastião, mas o capitão Hawkins já tinha partido. Voltaram então para o Rio de Janeiro e eu fui levado de mãos amarradas. Ao chegar, a cidade toda brigava comigo, chamando-me de fugitivo. Fui levado à presença do governador e ele, olhando-me muito zangado, mandou-me para a prisão, onde durante quinze dias fui tratado como um cão: eu dormia no chão, e não tinha o que comer exceto farinha de mandioca e água. Por fim, após ter passado por todos esses sofrimentos, fui condenado à forca como fugitivo e luterano. Quando, porém, eu passei em frente ao Colégio de Jesus, a caminho da forca, os padres se aproximaram empunhando uma grande cruz e se lançaram de joelhos em frente ao governador, pedindo perdão para mim. Fui levado de volta à prisão, onde fiquei mais três dias. Por fim, fui conduzido com as mãos e os pés acorrentados, em um dia de feira, e fui açoitado em público, de tal forma que não me restou um só pedaço de pele inteiro em todo o corpo. Depois que me puniram, como lhes contei, deram ordem para que eu fosse levado mais uma vez para a prisão, onde tive que permanecer por mais quinze dias, sem ter o que comer, exceto farinha de mandioca e água. Eu dormia no chão e de tanto ficar deitado sobre a terra meu corpo, que estava todo ferido, cobriu-se de vermes.

Depois disso o governador ordenou que prendessem grandes argolas de ferro pesando trinta libras[22] nas minhas pernas, e tive que carregá-las pelos nove meses seguintes em que trabalhei sem parar no engenho de açúcar, como um escravo. O feitor me tratava mais como um cão do que como homem, pois tinha um ódio tão intenso de mim e de todos os estrangeiros que não houve uma só vez em que eu passasse perto dele e ele não me acertasse. Minha vida tornou-se tão intolerável que fiquei desesperado e obcecado com a idéia de dar-lhe fim. Muitas vezes contei ao governador como o feitor era tirânico comigo mas, mesmo vendo

22. Aproximadamente 13 quilos. Uma libra equivale a c.0,45 quilos.

como meu corpo estava marcado das pancadas, ele não se apiedou de mim. Eu não tinha nenhum meio ou esperança de libertar-me de minha vida miserável, exceto matando o feitor. Chegou a ocasião adequada para executar meu intento, e foi assim: voltava eu uma noite com a barca carregada de cana-de-açúcar, e, após descarregá-la, estando bastante frio, deitei-me sobre umas tábuas em frente às caldeiras. Menos de meia hora depois o feitor entrou no engenho e, encontrando-me adormecido (como já lhes disse), bateu-me com uma vara nas costelas com tal força que achei que ele tinha quebrado todos os meus ossos. Levantei-me, e vendo que ele se preparava para arrematar sua maldade com um segundo golpe, abracei-o e esfaqueei-o pelo lado, nas costas e no braço com um facão que eu tinha. Ele gritou que eu o tinha matado.

Acreditando nisso, fugi para o coração da floresta e, como a noite por sorte estava escura, ninguém pôde me seguir. Quando amanheceu, continuei caminhando enquanto rezava para que Deus mandasse algum leopardo ou leão[23] para me devorar em vez de deixar que

23. Não existem leopardos ou leões no Brasil. Knivet estava certamente se referindo a jaguares, onças e outros felinos americanos.

eu fosse mais uma vez capturado pelos portugueses. Eu sabia que, se o governador me prendesse de novo, eu seria submetido às piores torturas que jamais foram impostas a um homem. Enquanto vagava pela selva, ouvi um som alto de vozes, o que me deixou assustado, já que não sabia o que fazer para me salvar. Às vezes corria como um louco, às vezes sentava-me para ver se ainda podia escutar alguma coisa. Mas para onde quer que eu corresse ainda podia ouvir o ruído das pessoas perto de mim. Vendo-me sem saída, avistei uma árvore enorme onde crescia uma planta de folhas grossas e compridas que os índios chamam caraguatá[24] e que é grande como um ninho de águia. Acomodei-me lá dentro e, menos de quinze minutos depois, muitos índios vieram me procurando e atiraram muitas flechas contra o lugar onde eu estava. Quando viram que eu não me mexia, foram embora e eu permaneci o resto daquele dia na árvore, bem como toda aquela noite e o dia seguinte. Naquela noite, quando desci, sentia-me muito fraco, pois não tinha comido nada por dois dias. Como a noite estava escura, aproximei-me do mar e fui seguindo pela praia

24. Ou gravatá, designação genérica indígena para bromélias. Tratava-se, provavelmente, de uma comunidade de bromélias de grande porte. No original "carauala".

quando, a certa altura, avistei uma canoa amarrada. Bem perto dela, três selvagens dormindo e, ao seu lado, seus arcos, flechas, raízes e anzóis para pesca. Apoderei-me daquilo que achei útil e continuei pela praia até uma ponta da ilha onde encontrei um selvagem dormindo na areia. Depois de observá-lo bem, vi que era um dos escravos de meu senhor. Ele havia assassinado um de seus companheiros e por isso estava foragido. Peguei o arco e flecha que ele tinha deixado a seu lado e o acordei. Quando ele me viu começou a lamentar-se e pedir que eu não o levasse de volta ao senhor. Respondi-lhe que eu tinha motivos dez vezes piores que os dele para não voltar e pedi que me contasse se sabia de algum lugar para onde pudéssemos fugir. Contei-lhe então o que tinha me acontecido.

Esse selvagem era um homem importante em sua terra, seu nome era Guaraciaba[25], que significa sol amarelo. Nunca um homem teve uma amizade tão sincera quanto eu a dele. Depois de muitas conversas esse canibal e eu decidimos nadar da ilha para o continente. Após vencermos o perigo do braço de mar que tinha pelo

25. No original "*Quarasips juca*". Guaraciaba, segundo Teodoro Sampaio, a quem sigo na leitura de quase todos os termos indígenas grafados no texto original inglês.

menos duas milhas de largura, conseguimos chegar em terra, exaustos, de tanto que nossos corpos nus tinham ficado na água. Estávamos na base de uma montanha chamada Paranapiacaba[26], que era um verdadeiro ermo, onde muitos poderiam ser devorados por leopardos, leões, crocodilos e surucucus[27], além de muitas outras cobras. Apesar de todos esses inconvenientes, preferíamos cair nas garras de um leão ou de uma cobra do que nas terríveis mãos dos portugueses. Vagamos por esse ermo durante trinta e sete dias, correndo risco de vida em cada um deles pois demos com leopardos, leões e cobras enormes, mas Deus nos protegeu de todos. Durante a viagem comíamos mel silvestre e palmitos, além de um tipo de cobra chamada pelos canibais de boiacica[28]. Depois que atravessamos esse ermo chegamos a uma região de campos onde encontramos uma grande quantidade de pinhas. Certa manhã, enquanto vagávamos por essas terras, avistamos fumaça em uma floresta

26. No original "*Paranapiacano*". Segundo Teodoro Sampaio, designação dada pelos índios a qualquer montanha da qual se avistasse o mar. Designação genérica da serra do Mar.
27. "*Surococous*", no original.
28. No original," "*boacyva*". A boiacica na verdade não é uma cobra, mas um peixe serpentiforme.

não muito distante de onde estávamos. Seguimos então naquela direção e, quando nos aproximamos, reconheci onde estávamos. Imediatamente contei a Guaraciaba que essa aldeia se chamava Pianitá e que esse era o local onde Jaguarapipo tinha me tratado tão bem quando Guainumbi tinha tentado me matar. Então nos aproximamos da aldeia, onde fomos recebidos gentilmente, sobretudo por meu velho amigo Jaguarapipo.

Depois de algum tempo descansando entre esses canibais, pedi-lhes que se reunissem pois eu iria narrar-lhes como tinha chegado à sua aldeia. Quando estavam todos juntos, comecei a contar-lhes como os portugueses tinham sido cruéis com o seu povo, escravizando-os, marcando-os como cães, açoitando-os e torturando-os como se não fossem feitos de carne e osso. Contei-lhes a história de minha própria vida e pedi-lhes que lembrassem como meus conterrâneos[29] os tinham tratado em outros tempos, impelindo-os a serem valentes e manterem-se confiantes e convencendo-os a se defenderem contra aqueles tiranos que, sob a aparência da amizade, tratavam-nos da pior forma. Então disse-lhes

29. Knivet refere-se aqui aos franceses. Espertamente, para se aproveitar das boas relações entre essa tribo e os franceses, mente sobre sua nacionalidade.

que eu tinha assassinado um português e que pretendia viver com eles até o fim de meus dias se me prometessem que me defenderiam e a si mesmos contra os portugueses. Quando terminei muitos vieram me abraçar, dando vivas e dizendo que, enquanto estivessem vivos e seus arcos inteiros, defenderiam a si e a mim. Continuei ali por mais nove meses até que Martim de Sá voltou para comprar mais escravos. Ele chegou a uma aldeia bem próxima à ilha de São Sebastião chamada Juqueriquerê.[30] Lá tratou os canibais com tal gentileza, dando-lhes facas, machadinhas e contas, que conquistou seus corações, de modo que estes lhe deram seus filhos e filhas para serem escravos e lhe contaram que eu e Guaraciaba estávamos numa aldeia vizinha. Com isso, Martim de Sá, mandou quatro portugueses e vinte selvagens para me capturar na aldeia. Quando os selvagens de Juqueriquerê chegaram em Pianitá, espalharam por toda a aldeia notícias da generosidade de Martim de Sá, de tal forma que, sem qualquer hesitação, amarraram minhas mãos e levaram-me de volta para o filho de meu senhor.

Quando me levaram a Martim de Sá, todos aqueles canibais que até então tinham me jurado a maior amizade

30. "*Jaquerequere*" no original.

transformaram-se em meus maiores e mais mortais inimigos, e com grande alarido me ridicularizavam, batendo na minha cabeça e contando aos portugueses como eu tinha tentado convencê-los a se tornarem seus inimigos. Martim de Sá nada respondeu a tudo isso, mas ordenou a alguns portugueses e índios que não me deixassem fugir. Quando me trouxeram a ele na manhã seguinte, ele me disse que sentia pena de mim por minha má sorte em terminar daquele jeito, fazendo-me crer que o feitor tinha morrido e, portanto, que a lei me condenaria. Quando ele acabou de falar eu lhe roguei que me ajudasse, que levasse em conta o serviço que eu havia prestado a ele e a seu pai e que pensasse na maneira absurda como o feitor havia me tratado por tanto tempo. Então ele me prometeu que continuaria sendo meu amigo o quanto pudesse. Em seguida eu lhe pedi que, se me deixasse naquele sertão para viver entre os canibais até o fim de meus dias, poderia ficar certo de que eu jamais causaria mal a ele nem a nenhum português. Ele, no entanto, não aceitou, mas me prometeu que me salvaria se eu fosse para uma localidade chamada Paraíba Irioba[31] e comprasse mulheres, meninos e meninas dos canibais.

31. "*Paraeyua Wereob*" no original. Segundo Teodoro Sampaio, poderia tratar-se das nascentes do rio Paraíba.

O perigo de adentrar uma terra de devoradores de homens onde eu jamais tinha estado não era menor do que o valor que eu dava à minha vida. No entanto, pensei comigo mesmo que os portugueses certamente me matariam pelo crime que tinha cometido e assim, mais uma vez, decidi colocar-me antes nas mãos da piedade bárbara dos selvagens devoradores de homens do que da crueldade sanguinária dos portugueses cristãos. Vendo-me em tal perigo mostrei-me ao capitão bastante empenhado em realizar a tarefa, embora Deus saiba que eu imaginava jamais vê-lo de novo. Segui então pela selva com doze selvagens, sem conhecer o caminho, mas sendo guiado por eles através de altíssimas montanhas e muitos rios enormes, passando vários riscos de morrer nas garras de leões, leopardos e várias cobras gigantescas, e nos rios crocodilos, jararacas e capivaras,[32] além de muitas outras cobras que vivem na água. Depois de vinte e cinco dias de viagem pela selva, chegamos nas margens de um bonito rio, largo como o Tâmisa. Os canibais que me acompanhavam disseram que a aldeia com a qual devíamos comerciar ficava nas margens daquele rio, mas o local exato era desconhecido. Então

32. "*Jararaquas*" e "*capucaras*", no original.

construímos um barco do tronco de um cedro e com ele descemos o rio. Não tínhamos avançado muito na corrente rápida quando vimos um barco parecido com o nosso com dois canibais dentro. Quando nos viram, eles tentaram fugir mas, como estávamos em maior número, os alcançamos antes que atingissem a margem. Vinha comigo um homem daquela tribo, chamado Morusuei[33], que havia sido capturado pelos guaianases e vendido aos portugueses. Esse índio falava a língua dos tamoios,[34] que eu entendia muito bem. Os dois canibais que capturamos no barco espantaram-se de ver homens com roupas, a ponto de não reconhecerem o membro de sua própria tribo, que me acompanhava, quando o viram trajado como um português. Se eles se espantaram conosco, não me espantei menos com eles, pois em todas as minhas viagens eu nunca tinha visto canibais desse tipo. Assim que os vi julguei que nascessem com penas na cabeça e no corpo, como pássaros. Na verdade, eles besuntavam o próprio corpo com a seiva dos espinhos de um bálsamo e cobriam-no todo com penas coloridas,

33. "*Morosoeii*" no original.

34. Índios tupis, historicamente aliados aos franceses. Foram rechaçados para o interior quando Mem de Sá, governador-geral do Brasil de 1557 a 1572, expulsou os franceses do Rio de Janeiro.

de tal forma que não restava uma só parte de pele nua, exceto as pernas. Depois que os olhamos detidamente e eles a nós, mandei Morusuei ir até eles e dizer-lhes o motivo de nossa vinda, pedindo-lhes que fossem à sua aldeia e avisassem que lá estávamos, para que uma chegada abrupta de nossa parte não suscitasse tumulto. Eles aceitaram prontamente e demos a cada um uma faca e algumas contas, com as quais partiram alegremente.

Duas horas depois chegaram pelo menos quinhentos deles cantando e festejando, mostrando-se muito felizes com nossa vinda para comerciar com eles e convidando-nos para ir até a aldeia, o que fizemos. Houve dança e música generalizada na nossa recepção, e em cada cabana fui recebido com grandes cerimônias e longos discursos dos principais da aldeia. No dia seguinte comecei a negociar com eles e consegui comprar noventa escravos. Levei-os todos a Martim de Sá, que havia ficado na Ilha Grande até meu retorno. Depois que cheguei e lhe entreguei os escravos, pedi que continuasse meu amigo e me deixasse permanecer entre os canibais até que ele tivesse falado em minha defesa com seu pai. Rindo, ele me disse que eu não devia ter medo de voltar para casa pois o homem tinha se recuperado e ido para o rio da Prata, e que seu pai temia que eu tivesse sido devorado por alguma cobra, leopardo ou leão. Quando me apresentei ao governador, ele logo se alegrou de me ver, admirado de onde eu poderia ter estado por tanto tempo, e mais uma vez me mandou para o engenho de açúcar. Lá fiquei por doze meses, sendo encarregado de encaixotar todo o açúcar, com o que ganhei duzentas coroas. Com esse dinheiro eu me decidi a ir para Angola, na Etiópia.[35] O governador me deu sua palavra de que me deixaria ir e que eu poderia contar com todo o apoio que ele pudesse me dar. No entanto, quando o navio estava pronto para zarpar, o governador me enviou numa tarefa sem sentido e com isso permaneci em terra, perdendo tudo o que tinha juntado a duras penas para a viagem.

Um mês ou dois depois disso, os guaianases foram desafiados por uma tribo de canibais chamada tamoios. Os guaianases têm laços de comércio e amizade com

35. Assim como seus contemporâneos, Knivet usa o termo "Etiópia" para designar o continente africano. Havia, na época, uma rota marítima muito ativa comercialmente entre Brasil e Angola. Knivet pretendia ir para Angola e, de lá, escapar rumo à Inglaterra. Outro contemporâneo seu, o inglês Andrew Battel, aprisionado na ilha de São Sebastião na mesma época que Knivet, após uma curta estada no Brasil viveu 18 anos em Angola. Sobre essa experiência, entre 1589 e 1607, Battell escreve o relato *The Strange Adventures of Andrew Battel of Leigh in Angola and the Adjoining Regions*, também publicado por Samuel Purchas na coletânea de 1625. O inglês Thomas Turner também narra em suas *Relations of Thomas Turner, Who Lived the Best Part of Two Years in Brasil* o intenso e desumano tráfico de escravos entre os dois países. A família Correia de Sá teria papel importante nas relações entre Brasil e Angola: o filho de Martim de Sá, Salvador Correia de Sá e Benevides, governador do Rio de Janeiro, foi restaurador de Angola, então tomada pelos holandeses.

os portugueses, enquanto os tamoios são seus inimigos mais mortais em toda a América. Os guaianases haviam perdido muitos homens numa batalha e, não mais conseguindo por conta própria fazer frente aos tamoios, pediram novamente auxílio aos portugueses. Como meu senhor era o governador da cidade, enviou seu filho Martim de Sá com setecentos portugueses e dois mil índios. Os guaianases nos garantiram que levaríamos no máximo um mês para alcançar os tamoios.[36]

Assim, no dia quatorze de outubro de 1597,[37] partimos com seis canoas pelo mar até um porto que fica a umas trinta milhas do Rio de Janeiro, chamado Paraty[38]. No dia em que partimos veio-nos uma tal tempestade que achamos que iríamos todos nos afogar. Mas foi gra-

36. A segunda entrada de Knivet pelo sertão, composta por setecentos homens brancos e dois mil índios, destinava-se provavelmente não à defesa dos guaianases, mas à busca de metais preciosos. A expedição – ocorrida na mesma época de três bandeiras simultâneas, saindo da Bahia, de São Paulo e do Espírito Santo, em direção às nascentes do São Francisco – fazia parte de um projeto exploratório coordenado pelo governador-geral d. Francisco de Sousa. Saindo de Paraty, enveredaram pela serra do Mar até atingirem o vale do Paraíba, por uma rota indígena que viria a ser conhecida como caminhos da serra do Facão.

37. Tudo indica que o ano correto seria não 1597, mas 1596. Dão indícios disso outras datas fornecidas por Knivet nos capítulos seguintes: segundo ele, sua partida para Angola se deu em 27 de junho de 1597 e sua volta ao Brasil, em fevereiro de 1598.

38. No original "*Paratee*" ou "*Parateey*". Esta é a primeira referência conhecida à cidade de Paraty, no estado do Rio de Janeiro.

ças à vontade de Deus que nos salvamos, pois, embora as canoas tivessem virado e nós perdido tudo o que tínhamos, agarramo-nos com força ao fundo delas até chegarmos na praia, com enorme risco de vida. A distância do local em que chegamos até o rio Guaratiba[39] era de três milhas, que percorremos por terra, enquanto mandamos as canoas de volta ao Rio de Janeiro para buscar provisões. Ficamos dois dias em Guaratiba até que as canoas voltassem e no terceiro fomos para Ilha Grande, num lugar chamado Ipuá[40], onde moravam dois ou três portugueses. Lá conseguimos uma boa quantidade de batatas e bananas para comer e ficamos cinco dias esperando quinhentos canibais que viriam de uma ilha chamada Jaquarapipo. Quando esses índios chegaram, partimos em nossas canoas para nosso destino, que era o porto chamado Paraty. Durante a noite, enquanto atravessávamos uma grande baía, uma baleia virou uma de nossas canoas, mas recolhemos os homens que caíram no mar e continuamos em nossa rota. No dia seguinte o capitão ordenou que retirássemos todas as canoas da água e as cobríssemos com galhos, para imediatamente continuar a viagem por terra.

39. "*Wareteena*" ou "*Waratina*", no original.
40. "*Ippoa*", no original.

Naquela noite chegamos em Paraty e veio-nos um canibal chamado Aleixo[41] de uma aldeia chamada Juqueriquerê, que fica no continente bem em frente à ilha de São Sebastião. Esse índio trouxe oitenta arqueiros e se ofereceu, juntamente com seu grupo, para viajar conosco. No dia seguinte seguimos viagem através das montanhas e à noite, quando o capitão viu Aleixo dormindo no chão, tirou a rede em que eu dormia e deu-a ao canibal, forçando-me a dormir no solo. Reclamei com alguns portugueses da maneira desleal com que o capitão tinha me tratado mas eles responderam que o pai dele tinha me mandado naquela viagem só para que eu perecesse. Respondi: "Seja feita a vontade de Deus." Passados três dias de viagem, chegamos ao pé de uma enorme montanha chamada pelos índios de Paranapiacaba que, na nossa língua, quer dizer "vista do mar".[42] Esta montanha é tão alta que levamos três dias para subi-la e três para descê-la. Dois dias depois dessa

41. "*Alécio*", no original.

42. Segundo a reconstituição da viagem feita por Teodoro Sampaio, a bandeira teria partido de Paraty e não teria subido a serra do Mar logo atrás da aldeia, mas seguido por três dias até atingir o pico do Cairuçú, que teria atravessado, e a partir daí continuou por dentro da mata, pela costa, até a região de Ubatuba, empreendendo então uma subida por um antigo caminho dos índios, em direção ao interior.

travessia chegamos a uma bela campina, parecida com um prado coberto de grama alta e muitos pinheiros.[43] Aí passamos a noite num vale onde matamos seiscentas cobras e foi somente graças a Deus que apenas um índio chamado Jerônimo, e mais ninguém, foi picado por elas. Esse índio logo começou a inchar, e sangrou pelos olhos e pelas unhas até morrer.

Depois disso voltamos a viajar através das montanhas por uns quarenta dias até que chegamos a um rio muito largo chamado Paraibuna[44]. Atravessamos esse rio com umas coisas feitas de caniços amarrados com cipós que os portugueses chamam de jangadas. Levamos quatro dias para poder atravessar esse rio, já que era tão largo e tinha uma correnteza tão forte. Depois disso viajamos mais uns vinte dias até chegarmos a uma montanha enorme chamada Panace Yuawe Apacone[45], que demoramos quatro dias para subir, já que chovia muito e estávamos todos muito enfraquecidos, pois a comida tinha acabado. Mas, como esperávamos em breve

43. Diz Teodoro Sampaio serem "os campos e pinhais da vizinhança da atual vila da Natividade, no vale do Paraibuna, provavelmente nas cabeceiras do rio do Pinheiros, afluente daquele pela margem esquerda."
44. "*Paracuova*", no original.
45. Segundo Teodoro Sampaio, seria a serra de Itapeva ou do Jambeiro, "no prolongamento da Quebra-Cangalhas, a nordeste".

encontrar nossos inimigos, nos empenhamos em subir o máximo, das seis horas da manhã às duas da tarde, debaixo de chuva. Por fim, o capitão ordenou que cada homem se preparasse para pernoitar. Eu, então, deixei minha carga no chão e fui até a floresta para cortar alguns galhos de uma árvore chamada samambaia[46] com a intenção de nos proteger da chuva. Fazia tanto frio e eu estava tão enfraquecido de ter caminhado o dia todo sem nada para comer que, ao tentar cortar um galho, a espada caiu da minha mão e fiquei inerte, sentado embaixo de uma árvore. Provavelmente teria morrido ali mesmo, não fosse meu caro amigo Henry Barrawell que, notando a minha demora, veio me procurar e me encontrou num estado tal que não conseguia nem falar nem ficar de pé. Ele então me levou de volta ao acampamento e me deitou junto ao fogo, o que fez com que eu me recuperasse e me sentisse bem melhor.

Depois que passamos por essa montanha chamada Paraíba[47], viajamos através de um tipo de planície pantanosa[48] onde havia uma grande quantidade de canibais

46. Deve tratar-se da samambaiaçu, com folhas gigantes.
47. "*Pareeva*", no original.
48. Provavelmente a baixada do Patim, diz Teodoro Sampaio.

chamados puris. De repente uns cem deles saíram da floresta e, assim que conseguiram se apoderar de alguma coisa nossa, fugiram sem que soubéssemos para onde. Logo em seguida vieram muitos mais. Ali nós tivemos que nos organizar bastante para que mantivéssemos sempre guarda atenta, temendo que eles nos emboscassem, já que nossos homens estavam tão fracos. Depois que atravessamos aquela montanha, viajamos por quatro dias até chegarmos ao rio Paraíba, onde conseguimos muito peixe, mas nada além disto para comer. Certo dia, enquanto eu pescava nesse rio, debaixo de muita chuva, os três índios que me acompanhavam retornaram, deixando-me sozinho. Quando resolvi voltar me perdi na selva.[49] Tentei regressar para a margem do rio, pensando assim reencontrar o caminho de volta até o acampamento do capitão. Enquanto eu caminhava foi ficando tarde e de repente, cheguei num local onde havia pelo menos cem homens e mulheres da tribo dos puris. Pensei que certamente seria morto, mas eles não me maltrataram, apenas tomaram minha faca e meu anzol, e deram-me pedaços da carne que estavam comendo, que era macaco

49. Segundo Teodoro Sampaio, Knivet estaria no atual município de São José dos Campos.

assado. Depois que comi bastante, prepararam-me uma coisa de caniços secos que eles usavam para nadar e nela fui rapidamente levado até onde ficava o acampamento. Esses canibais nos contaram de uma aldeia que ficava a uns dois dias de viagem onde poderíamos encontrar ervilhas, milho e algumas raízes de mandioca.

Em um dia passamos o Paraíba e no dia seguinte continuamos viagem para a aldeia de que os puris nos tinham contado. Levamos sete dias entre o rio e a aldeia mas, quando lá chegamos, encontramos somente mulheres. Quando lhes perguntamos pelos maridos, contaram-nos que tinham ido guerrear contra os tamoios, os quais haviam matado quase todos da aldeia. Encontramos um pouco de milho que, embora não estivesse maduro, foi nosso alimento durante a semana que passamos lá. Esses canibais são chamados de tapuias[50]. Seguimos adiante até outras aldeias de certos canibais chamados guaianaguaçus[51], que eram vizinhos dos tapuias. Quando chegamos a uma dessas aldeias, vieram vinte anciãos com espadas de madeira nas mãos soltando grandes expressões de júbilo que é a sua ma-

50. Tapuia é designação tupi para qualquer índio não-tupi; inimigos, "bárbaros".
51. "*Waanawasons*" ou "*Wayanawasons*", no original.

neira (como já lhes disse) de dar boas-vindas. Depois que terminaram, perguntaram o que queríamos, ao que dissemos ter vindo lutar contra os tamoios. Veio então um velho todo pintado de vermelho e azul, segurando arco e flechas e calçando um par de sandálias, com uma de suas filhas que tinha sido escrava de um português de Santos, mas tinha fugido junto com outros cativos e retornado para o pai. Esse velho, que se chamava Cariguçu[52], se apresentou ao capitão. Nessa mesma aldeia, todos que vinham conosco, tanto índios quanto portugueses, ficaram doentes após comerem uma espécie de fruta doce e agradável que, na verdade, era venenosa.[53] Se não fosse por um fidalgo chamado Onofre de Sá[54], um parente de meu senhor, que trazia um pedaço de chifre de unicórnio[55], teríamos todos morrido. Nessa aldeia quase não tínhamos o

52. "*Carywason*", no original.
53. Mais adiante Knivet descreverá essa fruta, a "*madiópuêra*", do tamanho de uma ameixa, amarela, de polpa doce. No entanto, não foi possível identificar a fruta a partir do nome indicado por Knivet.
54. "*Enefrio de Say*", no original.
55. Desde a Idade Média atribuía-se uma ampla gama de propriedades curativas ao chifre do unicórnio. No Renascimento, empregava-se o chifre de rinoceronte no combate a várias doenças. Os chifres "de unicórnio" descritos e guardados nas coleções de história natural dessa época eram chifres de narval, um cetáceo dos mares do Atlântico Norte.

que comer, exceto algumas poucas batatas. Quando chegamos, todos os índios guaianases fugiram de nós, levando nossas roupas. No entanto, o velho Cariguçu, acompanhado de dez jovens fortes, passou a seguir conosco, guiando-nos dia e noite rio acima, por um vale, durante quarenta dias.[56] Ficávamos na água da manhã até à noite, quando acampávamos, para embarcarmos de novo na manhã seguinte.[57]

Nossos homens estavam muito enfraquecidos e quase mortos de fome. Alguns índios morriam, espantados (alguns diziam) por um espírito que eles chamam Curupira[58], que os matava, enquanto outros estavam possuídos por espíritos chamados Abaçaí[59]. Aqueles que se viam atormentados por esse espírito pediam para terem as mãos e os pés amarrados com os fios dos arcos e para que seus amigos os açoitassem com as cordas que usavam para pendurar as redes de dormir. Mas mesmo

56. O rio que subia em uma garganta a serra da Mantiqueira seria o Buquira, que leva aos pinhais das cabeceiras do Sapucaí, diz Teodoro Sampaio. O velho índio os guiava por um antigo caminho usado pelos guaianases.
57. A partir daqui, segundo Teodoro Sampaio, saem do vale do Paraíba e enveredam para a zona dos campos do alto da Mantiqueira.
58. "*Coropio*", no original.
59. "*Avasaly*", no original. Fernão Cardim, em seu tratado sobre o Brasil, também se refere a esses espíritos: "Os índios têm grande medo do demônio, ao qual chamam Curupira, Taguaigba, Macachera, Anhangá, e é tanto o medo que lhe têm, que só de imaginarem nele morrem, como aconteceu já muitas vezes."

com todos esses rituais não vi um só deles escapar depois que ficavam nesse estado.[60] A maioria de nossos índios morreu de um tipo de doença comum em todos os países quentes: sofrem de suores e a sensação de corpo cansado, com vermes no ânus que lhes consomem o estômago, fazendo com que definhem sem que saibam o que está lhes causando mal.[61] Contra essa moléstia os índios comem rodelas de limão e pimenta verde, e as colocam no ânus, mas o uso de água salgada também é bom. Não há dúvida de que todos os ingleses que morreram na costa da Guiné e no Brasil sofriam dessa doença. Ela começa com dor de cabeça e febre muito alta mas, mesmo tentando fazer sangrias, o doente acaba morrendo.

Depois de concluirmos a viagem pelo rio que mencionei chegamos numa bonita campina cheia de pinheiros, mas as frutas não estavam maduras e não encontramos nada para comer a não ser um pouco de mel silvestre

60. Numa nota lateral, Samuel Purchas escreve: "O senhor Knivet me contou que ouviu um índio, durante um episódio de forte possessão, brigando com o espírito e ameaçando converter-se ao cristianismo se o espírito continuasse a maltratá-lo tanto. Com isso o espírito abandonou-o."

61. O quadro descrito, muito comum na época, parece indicar uma combinação de doenças tropicais, como malária e desinteria, e infecções maciças com vermes, como solitária e *ascaris*, que colonos e viajantes designavam de "câmaras de sangue", "corrução" e "doença do bicho".

aqui e ali. Viajamos por pelo menos um mês até que os portugueses começaram a se desesperar e a se desfazer de suas armas pois não agüentavam mais carregar sua bagagem. Em meio a essa situação miserável o capitão me fez carregar dois mosquetes (assim, eu esperava salvar-me), além de ajudá-lo todos os dias a montar seu acampamento. Meu amigo Henry Barraway estava tão doente que muitas vezes tive que carregá-lo nas costas e levava-o constantemente pela mão. Durante essa caminhada tivemos que comer todos os nossos escudos, que eram feitos de pele de búfalo curtida, além de um couro de vaca trazido pelo padre que nos acompanhava para proteger da chuva as coisas que ele usava na missa. Feliz daquele que conseguia um sapo ou uma cobra para comer. Depois que ultrapassamos aquelas campinas, onde perdemos cento e oitenta dos nossos, chegamos novamente às montanhas. Atravessamos um monte alto chamado Itapucu[62], que quer dizer "montanha das pedras compridas", onde realmente havia pedras pretas de uma jarda[63] de comprimento e tão roliças como se fossem

62. "*Etapuca*" no original. Provavelmente, a serra do Picu.
63. Aproximadamente um metro. Uma jarda equivale a c.92 centímetros.

de madeira. Quando alcançamos o topo desse monte, não conseguíamos descer exceto pelo método que agora contarei. Nessas montanhas há uma grande quantidade de cipós pendentes e de árvores chamadas jequitibás[64]. Recolhemos esses cipós e os amarramos a uma enorme árvore, assim podendo escorregar por eles por pelo menos umas cem braças. Lá encontramos grande quantidade de palmito e mel silvestre, além de muitos tipos de frutas.[65]

Os canibais que nos guiavam disseram-nos que dentro de quatro dias deveríamos encontrar nossos inimigos, os tamoios. Contudo, passados mais de vinte dias, chegamos num campo queimado, quase descampado. Lá encontramos boa quantidade de mel que as abelhas faziam no solo, assim como um animal grande e com o corpo parecido com o de um urso, mas que tinha um focinho de quase uma jarda de comprimento, e uma cauda enorme e bonita, toda preta e cinza. Esse bicho enfiava a língua nos formigueiros e, quando as formigas

64. "*Iaquetyva*" no original.

65. "Depois de percorrer todo o extenso campo, das cabeceiras do Sapucaí até a nascente do rio Verde, alcançando aí a serra do Picu, na direção geral de lês-nordeste, quase pela linha de cumiada da Mantiqueira, desceu daí, enveredando pelos campos de Maria da Fé, vale do Lourenço, em direção a Itajubá, donde prosseguiu até ir ter às margens do Yguary", diz Teodoro Sampaio.

subiam na sua língua, ele as engolia todas.[66] Depois que saímos desse lugar, chegamos a uma montanha chamada Itaobi[67], que quer dizer "montanha das pedras verdes". Nesse ponto estávamos em uma situação ainda mais miserável do que nunca. Os portugueses então se reuniram e disseram ao capitão que acreditavam que os canibais os tinham feito subir e descer com a intenção de destruí-los. O capitão chamou o velho canibal e lembrou-lhe de todo o tempo em que o vínhamos seguindo embora ele nos tivesse dito inicialmente que em vinte dias facilmente percorreríamos o caminho entre sua aldeia e a dos tamoios. O velho respondeu que, se dentro de dois dias ele não nos fizesse alcançar a aldeia de nossos inimigos, que ele perdesse a própria cabeça e todos os seus guerreiros se tornassem nossos escravos.

Dentro de dois dias, como o velho havia dito, chegamos à aldeia pela ribeira de um rio chamado Jaguari, que nasce em Potosí, no Peru.[68] A aldeia ficava na ou-

66. A descrição, está claro, é a de um tamanduá.
67. "*Etaowbo*" no original.
68. Na geografia imaginária da época, era pequena a distância entre a capitania de São Vicente e o vasto, mítico e rico território que então se denominava o Peru. Daí a idéia dos japoneses e outros aventureiros, como o próprio Knivet, de atingirem o Peru, por terra, a partir do Brasil. Pensava-se que tanto o rio Amazonas quanto o São Francisco

tra margem e, na margem em que estávamos, tinham grandes estoques de mandioca e grãos. De noitinha nos posicionamos em frente à aldeia e ficamos a noite toda emboscados, com o intuito de capturar alguns deles na manhã seguinte quando saíssem em busca de comida. Naquela noite nossos homens comeram tanta mandioca que, no momento em que deveríamos estar prontos para o ataque, eles estavam prostrados, vomitando tanto que não conseguiam sequer ficar de pé, e treze deles morreram.[69] Na manhã seguinte, vendo que não havia qualquer movimento na aldeia ficamos confusos, imaginando que nos armavam alguma emboscada. Os portugueses não ousavam ir até o rio por medo de algum ataque. O capitão então mandou que eu atravessasse o rio, o que fiz sobre um escudo de madeira. Quando entrei na aldeia não havia nada, exceto uns potes enormes que os canibais tinham deixado cheios de milho verde, muitas abóboras e dois enormes avestruzes. Peguei a

e o rio da Prata nasciam nas "terras do Peru". Potosí, na atual Bolívia, a montanha de prata encravada a 4.000 metros de altura, na codilheira dos Andes, foi descoberta em 1545, passando a exercer um enorme fascínio entre os europeus.

69. Tratava-se da mandioca-brava empregada na obtenção de farinha, cauim, polvilho, beiju e outros subprodutos mas imprópria para consumo *in natura*. O ácido prússico, que torna a raiz venenosa, evapora quando submetido ao calor; a chamada mandioca-doce é a variedade própria para o consumo. As duas pertencem à mesma espécie, *Manihot esculenta*.

maior parte das provisões que encontrei e juntei-a para o capitão. Então chamei o grupo dizendo que não precisavam temer pois não havia ninguém. Ficamos lá por dois meses durante os quais o capitão aproveitou para fazer a colheita nas plantações de mandioca deixadas pelos índios, mandando que cada homem juntasse as provisões necessárias para o seu retorno, pois disse que voltaria de lá para casa. Nesse lugar o único alimento que tínhamos eram batatas e farinha de mandioca, a qual nós mesmos preparávamos, e era bem pouca.

Perto dessa aldeia havia um grande pântano que, quando chovia, ficava cheio de sapos que caçávamos de noite com a ajuda de tochas acesas. Certa noite cabia a mim montar guarda à meia-noite mas, quando eram cerca de onze horas, chovia e eu disse a meu amigo Henry Barrawell: "Quisera Deus que nesta noite fosse você a ir pegar sapos, pois você sabe que logo me chamarão para a guarda." Com isso ele foi, mas voltou em seguida sem trazer nada e nos contou que havia uma cobra enorme no pântano e que ela o tinha perseguido aos pulos. Os índios então nos disseram que era um tipo de cobra que se atirava no fogo. Em seguida perguntei a Henry Barraway onde ela estava e ele me indicou. Peguei o cabo de um machado feito de madeira escura e pesada e uma pequena tocha para que a cobra não me visse, deixando-a preparada para acender. Quando cheguei no local indicado por meu amigo, acendi a tocha e me vi tão perto da cobra que, se tentasse, não conseguiria afastá-la. A cobra trazia um enorme sapo na boca mas, assim que viu o fogo, cuspiu o sapo e, eriçando a pele como se fossem as escamas de um grande peixe, e com a boca aberta, tentou me atacar. Assim que abriu a boca eu investi contra ela e dei uma tal paulada em sua cabeça e nos seus dentes que esmaguei o seu crânio. Depois que bati nela, lancei minha tocha para um lado e corri vários metros na outra direção. A cobra fez muito barulho na água mas eu fiquei observando minha tocha para saber se era verdade que ela se lançaria no fogo; não vendo nada disso, voltei e peguei minha tocha de novo. Com muito cuidado, voltei ao local em que tinha investido contra a cobra: vi sua cabeça toda ensangüentada, seus olhos arrebentados e acabei de matá-la.[70] Isso feito, peguei um cipó e amarrei-o no dorso da cobra e arrastei-a para a aldeia, até a cabana onde dormia. Quando cheguei, perguntei se tinham vindo me chamar para a

70. No capítulo IV, Knivet dirá que a cobra é uma surucucu. Conta o padre Fernão Cardim: "Esta cobra é espantosa e medonha; acham-se de quinze palmos; quando os índios naturais as matam, logo lhes enterram a cabeça por ter muita peçonha."

guarda, mas um português e Henry Barraway disseram que ninguém tinha vindo à minha procura. Peguei então uma faca e comecei a cortar um pedaço da cobra para o capitão e planejava dividir o resto entre os homens. Enquanto isso o alferes de nossa companhia chegou à porta; eu fui abri-la mas, assim que ele entrou, deu-me uma paulada. Sem saber por que me agredia, reagi e caímos os dois no chão. Os outros portugueses que estavam na cabana nos apartaram e perguntaram a ele por que havia me batido. Ele então respondeu que o capitão havia se levantado sem que visse ninguém de guarda. No entanto, todos ali afirmaram que ninguém tinha ido me chamar. Ele então ordenou que eu me apresentasse ao capitão. Este, sem querer me ouvir, mandou que dois índios me amarrassem a uma estaca e tirassem as cordas de suas redes para me açoitarem. Eu pedi ao capitão que escutasse a verdade e, se depois disso julgasse que eu tinha errado, que a corte marcial me condenasse à forca. Antes que os índios desamarrassem suas redes, veio um homem muito velho chamado João de Sousa, comandante da nossa retaguarda, acompanhado de vinte portugueses que dormiam comigo na cabana. Quando me viram amarrado contaram ao capitão que eu era inocente pois ninguém havia ido chamar-me. O capitão então mandou que me soltassem e pediu que fosse montar guarda. Voltei à cabana, peguei minha espada e imediatamente dirigi-me ao lugar de minha guarda mas, quando cheguei, encontrei o homem a quem deveria ter rendido e que tinha dito ao capitão, na minha frente, que tinha ido me chamar e que eu não tinha respondido. Quando o vi ali, perguntei-lhe se não tinha vergonha de jurar uma mentira. Em resposta começou a me insultar com palavras vis, chamando-me "cão inglês" e "herege". Quando me vi assim caluniado por um mestiço desprezível, tomei da espada com ambas as mãos e dei-lhe com o punho na cabeça, causando-lhe uma grande ferida.

O capitão então ordenou que me colocassem nos ferros, pelas mãos, e assim fiquei a noite toda. No dia seguinte à tarde, vieram dois portugueses e leram algumas acusações contra mim feitas pelo capitão. Estas diziam que eu havia matado muitos índios doentes ao encontrá-los sozinhos, e que eu merecia morrer por ter provocado um motim no pátio da guarda quando iniciei uma briga, causando tumulto. Depois que leram todas essas acusações, disseram-me que me preparasse para morrer e se foram. Meia hora depois veio o padre e me perguntou se eu desejava me confessar. Eu lhe respondi que não tinha roubado nada de ninguém e que, quanto aos meus pecados, Deus conhecia os segredos de todos os corações, portanto eu não tinha nada a confessar a ele. Com isso, depois de fazer muitas orações por mim, ele se foi. Todos os portugueses foram até o capitão pedindo que me perdoasse, mas ele não queria lhes dar ouvidos, dizendo que pedia a Deus que não voltasse a pisar em terra cristã sem antes ter me enforcado. Passei todo o dia nos ferros e também a noite até as quatro da manhã. Então o padre veio novamente e me disse que minha hora estava próxima, e pediu-me que me preparasse para morrer como um cristão. Eu lhe disse que esperava que o Senhor tivesse piedade de mim.

Entre seis e sete da manhã vieram o alferes e um escrivão acompanhados de dois ou três portugueses e de um índio com uma corda na mão. A uma ordem dos portugueses, o índio a colocou em volta do meu pescoço. Fui então levado ao local da execução. Quando todos os portugueses estavam à minha volta, eu disse: "Senhores, o capitão não me condenou à morte por causa do erro que cometi há pouco, mas por uma raiva que ele nutre contra mim a partir de uma história falsa contada por seu primo, aqui presente, de que eu não o salvaria. Por isso, e nada mais, estou sendo condenado hoje." Enquanto eu falava, o índio que seria meu algoz desceu do topo da cabana de onde eu deveria ser lançado e, dando tapas em minha cabeça disse: "De que está reclamando? Você não sabe que o pai do capitão mandou-o aqui para que você nunca retornasse?"

Ao ouvirem isso, os portugueses repreenderam o índio. João de Sousa, junto com Graned del Galbo e Faustino Abanos,[71] e muitos outros portugueses disseram: "Que autoridade tem o capitão para enforcar esse homem? Não viemos a serviço do rei mas para nosso próprio lucro,[72] e ele é apenas o filho bastardo[73] do governador." Assim ordenaram que se interrompesse a execução e João de Sousa foi até o capitão e disse-lhe: "Senhor, não sabemos onde estamos, e muitos de nossos homens morreram. Por isso não convém nesse momento que nos enfraqueçamos ainda mais, pois não sabemos sequer se algum de nós voltará. Assim queremos que perdoe esse inglês, pois ele é um soldado tão bom quanto nós e o homem a quem ele feriu não corre perigo." O capitão jurou por tudo que eu morreria. Então João de Sousa e o resto dos portugueses pediram que mostrasse que autoridade tinha para me condenar à morte pois, se não tinha mandado

71. Faustino Abanos, ou Ebanos, colono abastado, foi oficial da Câmara da Cidade do Rio de Janeiro em 1588.

72. Nessa afirmação fica claro que o real objetivo da expedição não era a guerra entre tribos indígenas, mas a exploração de metais preciosos e o aprisionamento de escravos índios.

73. Segundo o genealogista Alão de Morais, a mãe de Martim de Sá seria uma concubina de Salvador de Sá, uma portuguesa deportada para o Brasil pelo crime de "judaizar", "mulher de um piloto que andava ausente do Rio de Janeiro". Outras fontes indicam que Martim de Sá era filho legítimo, do primeiro casamento de Salvador de Sá, com Vitória da Costa.

do rei, eu não poderia morrer naquele momento, já que a decisão deles em relação a mim valia tanto quanto a dele. O capitão ficou furioso e protestou veementemente contra João de Sousa, dizendo que ele era um insuflador de motins. João de Sousa disse que sustentaria tudo o que havia alegado, e assim escapei da morte.

Depois de termos passado dois meses nesse lugar estocando comida, seguimos até uma outra aldeia onde encontramos grande quantidade de milho recém-plantado. Lá ficamos três meses, até que o milho estivesse maduro. De lá todos decidiram voltar, menos eu e doze jovens. Pedimos ao capitão que nos desse permissão para seguir nosso caminho, e ele nos deixou fazermos aquilo que quiséssemos.[74] De minha parte, pedi que me liberasse apenas por medo de que, na volta para casa, ele me armasse alguma cilada. Além disso, pensamos que dificilmente conseguiríamos voltar, já que não sabíamos onde estávamos e não ousávamos retomar o caminho da ida por medo dos puris, lopos e temiminós[75], além de outros canibais que, nos vendo enfraquecidos, poderiam nos atacar.

74. Provavelmente, a expedição se dividiu em duas: uma comandada por Martim de Sá e outra por João de Sousa, à qual teria se juntado Knivet.
75. "*Temiminos*", "*Tominino*s" ou ainda "*Tomomynos*" no original.

Capítulo 3

Suas extraordinárias provações com doze portugueses que foram devorados pelos selvagens. Sua vida com os canibais e, depois disto, com os portugueses, de quem foge para Angola e por quem é trazido de volta. E como, depois de muitas aventuras, é embarcado para Lisboa

Eu e os doze portugueses de quem falei nos despedimos do capitão, preferindo seguir em direção ao mar do Sul do que voltar sem nada.[1] Os nomes dos portugueses eram: Francisco Tavares, Luís de Pina, Gonçalo Fernandes, Tomás do Vale, Luís Coelho, Matias de Galo, João da Silveira, Pedro da Costa, Antônio Fernandes, Jorge Dias, Manuel Caldeira[2] e

1. Knivet e seus companheiros pretendiam fazer o mesmo que os japoneses do navio de Cavendish: atravessar o continente até atingir as lendárias riquezas do Peru, no mar do Sul. Andrew Battell, inglês que esteve no Brasil e na África, indicara o caminho por todos desejado: "Da cidade de Buenos Aires chegam todo o ano quatro ou cinco caravelas à Bahia, no Brasil, e a Angola, na África, que trazem grande carregamento de tesouros, que é transportado, por terra, do Peru até o rio da Prata."

eu mesmo, Anthony Knivet. Depois que deixamos o capitão, fizemos uma canoa bem grande da casca de uma árvore e começamos a descer um rio chamado Jaguari[3]. Uma semana depois chegamos a uma pequena aldeia de seis casas que parecia estar há muito desabitada. Abandonamos então nossa canoa e decidimos continuar o trajeto por terra. Nessa aldeia encontramos grande quantidade de vasos de cerâmica e, dentro de alguns, pepitas de ouro amarradas a linhas com as quais os índios costumam pescar. Também encontramos pedras verdes como grama e uma grande quantidade de pedras brancas e brilhantes como cristal. Muitas das pedras, no entanto, eram azuis e verdes, vermelhas e brancas, todas deslumbrantes de olhar. Quando vimos as pepitas de ouro e essas pedras, calculamos estar muito próximos de Potosí.[4] Rumamos então para sudoeste e subimos uma enorme montanha coberta de floresta.[5]

2. No original "*Lewes de Pino, Tomas Delvare, Lewis Loello, Matheas del Galo, John de Silvesa, Petro de Casta, Gorgedias*".

3. No original "*Janary*". Segundo Teodoro Sampaio, após abandonarem a canoa, seguiram na confluência do Jaguary com o Camanducaia, próximo à atual cidade mineira de Santa Rita da Extrema.

4. Cálculo muito de acordo com a geografia da época, em que o sertão de São Paulo juntava-se ao Peru, a terra das fabulosas riquezas minerais.

5. Segundo Teodoro Sampaio, essa montanha seria o atual morro do Lopo, de 1.710 metros de altura, na divisa entre São Paulo e Minas.

Chegamos num lugar de terra seca e marrom, cheio de morros, rochas e nascentes de vários córregos.[6] Em muitos desses córregos encontramos pequenas pepitas de ouro do tamanho de uma noz, e muito ouro em pó feito areia. Depois disso, chegamos a uma região bonita onde avistamos uma enorme montanha brilhante à nossa frente.[7] Levamos dez dias para alcançá-la pois, ao tentarmos atravessar a planície,[8] mesmo longe da serra, o sol ficava forte demais e não podíamos mais avançar por causa da claridade que refletia e nos cegava. Enfim, lentamente conseguimos chegar ao sopé dessa montanha, onde encontramos muitos tamanduás.[9]

6. Ainda segundo Teodoro Sampaio, esse sítio estaria nas vizinhanças do Guaripocaba de Bragança Paulista.

7. A montanha brilhante, segundo Teodoro Sampaio, seria a serra de Itaberaba, um prolongamento da Mantiqueira, entre os municípios de Nazaré Paulista e Santa Isabel. Itaberaba, em tupi, quer dizer "montanha reluzente". Gabriel Soares de Sousa, em seu *Tratado descritivo do Brasil*, de 1587, dá testemunho semelhante: "E não há dúvida senão que entrando bem pelo sertão desta terra há serras de cristal finíssimo, que se enxerga o resplandor delas de muito longe, e afirmaram alguns portugueses que as viram que parecem de longe as serras da Espanha quando estão cobertas de neve, os quais e muitos mamelucos e índios que viram essas serras dizem que está tão bem criado e formoso esse cristal em grandeza, que se podem tirar pedaços inteiros de dez, doze palmos de comprido, e de grande largura e fornimento." Também Pero de Magalhães de Gândavo, no *Tratado da Terra do Brasil*, se refere ao mito tupi do itaberabaçu, ou sabarabuçu: "A esta capitania de Porto Seguro chegaram certos índios do sertão a dar novas dumas pedras verdes que havia numa serra muitas léguas pela terra adentro, e traziam algumas delas por amostra. E os mesmos índios diziam que daquelas havia muitas, e que esta serra era mui fermosa e resplandecente."

Seguimos por ela pelo menos vinte dias antes de encontrarmos algum meio de subi-la. Finalmente achamos um rio que passava por baixo da montanha e decidimos descobrir algum modo de atravessá-lo.[10] Alguns dos nossos, no entanto, achavam melhor continuar margeando o sopé da montanha ao invés de penetrar no seu subterrâneo pois, diziam, se o rio não atravessasse até o outro lado, estaríamos perdidos, uma vez que seria impossível retornar contra a corrente. Então respondi: "Amigos, o melhor é arriscar nossas vidas agora como já fizemos antes em outros lugares. Caso contrário, temos que nos preparar para ficar vivendo como animais selvagens aqui onde nossa vida durará quanto Deus quiser, sem que pesem posses, nome ou religião. Por isso, creio que o melhor caminho a seguir é tentar atravessar, pois sem dúvida Deus, que já nos livrou de perigos sem fim, não há de nos abandonar agora. Além disso, se tivermos a sorte de atravessarmos para o outro lado, decerto encontraremos

8. Essa planície seriam os campos entre Bragança e Atibaia, no estado de São Paulo, de onde partiram para o sul e atingiram a montanha brilhante.
9. No original "*tamandros*".
10. Segundo Teodoro Sampaio, um sumidouro, uma furna, cuja parte superior encontrava-se coberta de vegetação, como o então conhecido sumidouro do rio São Francisco. Esse sumidouro descrito por Knivet seria no rio do Peixe, afluente do Jaguari.

espanhóis ou índios, pois sei que todos vocês já ouviram que num dia claro pode-se ver o caminho desde Potosí até esta montanha." Quando terminei de dizer isto, os portugueses decidiram arriscar a travessia. Com grandes caniços, construímos uma coisa larga, tinha três jardas e meia de largura por seis de comprimento, para que coubéssemos deitados e pudéssemos dormir nela. Matamos grande quantidade de tamanduás e os assamos bem para servirem de alimento, pois não sabíamos quanto tempo ficaríamos no subterrâneo.

Depois que tínhamos feito todos os preparativos, que incluíam levar boa quantidade de madeira e encomendar nossas almas a Deus, nos lançamos no túnel, onde o ruído das águas ressoava tão alto que nos parecia algum feitiço. Entramos numa segunda-feira de manhã e saímos numa outra manhã (se ficamos um ou dois dias no subterrâneo não sei). Logo que avistamos a claridade ficamos muito contentes mas, ao sairmos, vimos casas nas duas margens. Reunimo-nos então para decidir o que seria melhor fazer: escondermo-nos e tentar passar pela aldeia durante a noite ou nos apresentarmos aos índios. Todos nós concordamos que o melhor seria irmos até eles. Então eu disse: "Bem, amigos, já que assim decidimos, vamos definir desde já o que faremos e diremos, pois sem dúvida eles nos perguntarão quem somos e de onde viemos." Os portugueses então disseram: "Nós lhes diremos que somos portugueses." Eu então respondi: "Eu lhes direi que sou francês."[11] Fomos em direção às casas dos índios, que, assim que notaram nossa presença, vieram aos brados, sacudindo seus arcos e flechas. Ao se aproximarem, amarraram nossas mãos e nossas cinturas e desse jeito nos levaram até suas casas. Logo vieram dois ou três anciãos e nos perguntaram quem éramos, ao que os portugueses responderam que eram portugueses e eu, que era francês.

Duas horas depois levaram um dos portugueses, amarraram-lhe outra corda à cintura e conduziram-no a um terreiro, enquanto três índios seguravam a corda de um lado e três do outro, mantendo o português no meio. Veio então um ancião e pediu a ele que pensasse em todas as coisas que prezava e que se despedisse delas pois não as veria mais. Em seguida veio um jovem vigoroso, com os braços e o rosto pintados de vermelho, e disse ao português: "Estás me vendo? Sou aquele que matou muitos do teu povo e que vai te matar." Depois

11. Muitos anos antes, Hans Staden também se salvara de ser devorado por esses mesmos índios dizendo ser francês.

de ter dito isso, ficou atrás do português e bateu-lhe na nuca de tal forma que o derrubou no chão e, quando ele estava caído, deu-lhe mais um golpe que o matou. Pegaram então um dente de coelho[12], começaram a retirar-lhe a pele e carregaram-no pela cabeça e pelos pés até as chamas da fogueira. Depois disso, esfregaram-no todo com as mãos de modo que o que restava de pele saiu e só restou a carne branca. Então cortaram-lhe a cabeça, deram-na ao jovem que o tinha matado e retiraram as vísceras e deram-nas às mulheres. Em seguida, o desmembraram pelas juntas: primeiro as mãos, depois os cotovelos e assim o corpo todo. Mandaram a cada casa um pedaço e começaram a dançar enquanto todas as mulheres preparavam uma enorme quantidade de vinho. No dia seguinte ferveram cada junta num caldeirão de água para que as mulheres e as crianças tomassem do caldo. Durante três dias nada fizeram a não ser dançar e beber dia e noite.[13] Depois disso mataram outro da mesma maneira que lhes contei, e assim foram devorando todos menos eu.

12. Provavelmente, dente de capivara.

13. Descrição extremamente precisa do ritual de canibalismo, também relatado por outros cronistas do século XVI.

Ao ver todos os portugueses sendo mortos, esperei que o mesmo acontecesse comigo, mas quando os índios interromperam os banquetes vieram até onde eu estava e disseram: "Não tenhais medo, pois os vossos antepassados foram nossos amigos e nós, amigos deles, mas os portugueses são nossos inimigos, e nos escravizam, e por isso fizemos com eles isto que vistes." Depois de ouvi-los, disse-lhes que não tinha o que temer pois sabia que eram meus amigos e não meus inimigos, e que eu por muito tempo tinha sido prisioneiro dos portugueses.

Eu já estava há dois meses com esses índios chamados tamoios,[14] quando eles foram guerrear contra os temiminós. Na hora da luta, quase perdemos terreno, pois os temiminós estavam em muito maior número, de tal forma que tivemos que nos refugiar nas montanhas. Quando notei a forma primitiva como lutavam, e como, desordenadamente, lançavam-se sobre o inimigo como touros, ensinei-lhes como se portarem numa batalha, como prepararem uma emboscada e como retrocederem levando seus inimigos a uma armadilha. Foi assim que mantivemos a vantagem sobre o inimigo e me tornei tão

14. No original, "*tamoyes*".

importante entre eles que não iam para uma batalha sem que eu os acompanhasse. Em pouco tempo, de tanto combatermos os temiminós, eles decidiram abandonar a região fugindo de nós. Assim pudemos viver em paz. Os tamoios me ofereceram várias esposas, mas recusei, dizendo que não era do nosso costume tomar por esposas mulheres que não fossem da nossa terra. Depois que vencemos os temiminós, vivemos em paz por quatro meses até que veio uma outra tribo de canibais, chamada tupiniquins.[15] Estes montaram sua aldeia muito perto de nós, numa montanha chamada pelos índios de Itapeva[16], isto é, "montanha de ouro".

Logo que soubemos de sua chegada, nos preparamos para lutar contra eles. Juntamos cinco mil dos mais fortes e, em cinco dias, chegamos à sua aldeia. Mas, como eles já tinham nos avistado, haviam abandonado a aldeia e fugido. Perseguimo-los durante dez dias, aprisionando muitos anciãos e mulheres que, assim que capturávamos, matávamos. Assim os seguimos até

15. "*Topinaques*" no original. Os tupiniquins eram aliados dos portugueses.

16. No original "*Tamiuva*". Segundo Teodoro Sampaio, a serra de Itapeva (ou do Jambeiro) se estende entre o rio Jaguari e o rio Guararema, afluentes do Paraíba. Segundo Carvalho Franco, a leitura correta seria "Itajubá", que significa pedra ou montanha amarela.

que chegamos às margens de um grande rio que não ousamos atravessar, temendo que nosso inimigo nos atacasse quando desembarcássemos na outra margem. Então voltamos para casa atravessando o rio chamado Morgege[17], e continuamos em paz por mais oito meses, até que nos mudamos para outro lugar.

Lá eu andava completamente nu, sem usar nada, somente algumas folhas que amarrava no corpo por vergonha. Um dia, enquanto eu pescava sozinho por diversão, fiquei sentado pensando em como me achava e no que já tinha sido. Então comecei a amaldiçoar o dia em que pela primeira vez ouvi falar do mar, e me lamentei, pensando como pude ser tão tolo em abandonar minha própria terra onde nada me faltava. Naquele momento eu não tinha qualquer esperança de rever minha terra ou mesmo algum cristão. Enquanto eu lá estava, sentado na margem do rio, em meio a esses pensamentos desesperados, aproximou-se um velho índio que era um dos chefes da tribo. Começou a conversar comigo dizendo sentir falta do tempo em que estavam em Cabo Frio, pois podiam comerciar com os franceses

17. O rio Tietê, segundo Teodoro Sampaio.

e nada lhes faltava, mas que agora já não tinham facas nem machadinhas, ou outras coisas, e se achavam tão desprovidos. Ao ouvir isto respondi que eu desejava ardentemente que ele e os seus fossem morar de novo na costa, livres das ameaças dos portugueses.[18] Voltamos para a aldeia e o índio contou a todos o que eu lhe tinha dito. Na manhã seguinte vieram pelo menos vinte dos seus principais na casa em que eu dormia e me perguntaram se eu conhecia o local exato em que eles poderiam encontrar navios franceses. Eu lhes respondi que tinha certeza que entre o rio da Prata e um rio chamado pelos portugueses de Patos encontraríamos franceses e, se não os encontrássemos, lá os portugueses não poderiam nos fazer mal. Além do mais, acrescentei, seria melhor morar na costa, onde teríamos abundância de tudo, do que ali, onde não tínhamos qualquer outro alimento exceto raízes. Esses anciãos contaram isto ao povo e todos quiseram ir para a costa, então decidiram partir. Preparamos as provisões e partimos de nossa morada, sendo ao todo trinta mil.

18. No capítulo IV, Knivet dá uma versão diferente: "Muitas vezes eu lhes falava sobre as idas e vindas de nossos navios ingleses para os estreitos de Magalhães e como tratávamos bem todas as tribos e como tínhamos todo tipo de coisa útil para eles. Essas palavras fizeram com que os canibais quisessem ir até o litoral e me perguntaram como poderiam ir viver na costa sem se tornarem escravos dos portugueses."

Depois que ultrapassamos muitas serras cobertas de matas e rios onde encontramos quantidades de pedras preciosas[19], chegamos a uma região bonita e arenosa. Viajamos por ela durante uns vinte dias, seguindo na direção norte por medo de entrar em áreas onde havia muitos espanhóis, pois essas regiões são muito populosas e o povo tem boas relações com os espanhóis. Acabamos mudando nosso itinerário e rumamos direto para o norte, até que chegamos na terra das Amazonas, que os índios chamam mandioçuiara[20]. De lá retomamos nossa rota para o sul. Eu quis convencer os tamoios a guerrear contra as amazonas, mas eles não quiseram, dizendo: "Sabemos que elas são muitas e acabaremos mortos." Quando chegamos à cabeceira do rio chamado Patos[21], encontramos canoas feitas de casca de árvore nas quais descemos a correnteza por cerca

19. Estariam numa região entre os municípios de Nazaré e Atibaia, no atual estado de São Paulo, segundo Teodoro Sampaio.
20. No original, "*mandiocusyanas.*" Não se trata, como observa Teodoro Sampaio, do rio. As amazonas seriam mulheres tapuias que, como algumas índias mariquitas e guaitacases que Knivet descreverá no próximo capítulo, guerreavam como homens, armadas de arco e flecha.
21. Segundo Teodoro Sampaio, não seria o rio dos Patos, na então ilha dos Patos, atual Santa Catarina, mas o rio da ribeira de Iguape, cuja designação indígena era *guaraípe*, ou seja, "rio dos patos", que se localiza parte no atual estado de São Paulo e parte no Paraná.

de oito dias. Percebemos então que o rio ficava muito largo e que havia muitas árvores cortadas nas margens, o que nos fez crer que estávamos próximos do mar ou de alguma aldeia dos guaianases, pois os guaianases nunca moram longe do mar. Quando os índios viram esses sinais, me perguntaram sobre o melhor a fazer. Respondi que achava melhor nos escondermos e mandar nove ou dez jovens para tentar localizar alguma aldeia, que então emboscaríamos durante a noite. Todos concordaram e dez deles foram mandados, mas voltaram à noite sem terem visto nenhuma aldeia. Entretanto, disseram que havia um caminho largo margeando o rio, de onde tinham trazido pedaços de corda, que nos mostraram. Julgamos então que encontraríamos alguma aldeia na margem do rio, e decidimos descê-lo durante a noite em nossas canoas para ver se conseguíamos encontrá-la.

Por volta das quatro horas da manhã chegamos a uma ampla baía de onde se via o mar. Ao dobrar uma ponta da praia,[22] avistamos uma aldeia e desembarcamos nossos homens o mais rápido que pudemos. Assim que o dia começou a clarear, um dos moradores da aldeia,

22. Trata-se, segundo Teodoro Sampaio, da ponta da Juréia.

vindo até a praia, viu-nos e alertou toda a aldeia, que imediatamente se armou e nos atacou. Estávamos não só em muito maior número como também muito mais organizados, de modo que os dispersamos à medida que lhes matávamos muitos guerreiros. Fizemos trezentos prisioneiros, entre homens e mulheres, que os tamoios mataram e depois devoraram. Esses índios se chamam carijós[23]. Depois que os afugentamos, eles foram até São Vicente por terra em busca da ajuda dos portugueses. Nessa aldeia carijó encontramos uma enorme quantidade de comida: mandioca, farinha de milho, batatas, bananas, abóboras e tudo o mais que a terra dá, em abundância. Também encontramos muitos reais de oito, pois uma caravela tinha naufragado por ali há pouco tempo e os tripulantes, espanhóis, tinham seguido por terra até Buenos Aires, no rio da Prata. Os portugueses viviam em paz com esses índios, mas agora estavam em guerra contra eles novamente.[24]

23. No original, "*cariios*", "*caryiohs*" ou "*caijoses*". Os carijós eram índios guaranis.

24. "Documentos contemporâneos atestam ou confirmam o estado de guerra, ao tempo em que Knivet fugitivo vem a ter à costa em Peruíbe. Nesse tempo, com efeito, os tupiniquins, carijós e tupinaês tinham-se revoltado contra os portugueses e assolavam os estabelecimentos e povoações da capitania de São Vicente", conta Teodoro Sampaio.

Alguns dos carijós seguiram para o rio da Prata em busca de socorro, outros, como já disse, foram para a vila de São Vicente. De São Vicente mandaram notícias para o Rio de Janeiro, de onde os portugueses enviaram uma esquadra de canoas e caravelas sob o comando, novamente, do filho do governador, Martim de Sá (que já tinha voltado do rio Jaguari, onde nos separamos). Alcançaram-nos no meio da noite e tomaram a aldeia. Por volta das três da manhã, um índio que tinha vindo com os portugueses começou a gritar aos homens da aldeia, avisando-lhes para não se mexerem, pois aquele que se mexesse seria passado a fio de espada. Ao ouvirem o índio, os tamoios começaram a sacudir seus arcos e flechas, fazendo grande estardalhaço, e os portugueses então deram um tiro. Com isso, ficaram todos quietos nas redes, como homens sem vida ou alma. Quando o dia clareou e o filho do meu senhor me viu vivo, benzeu-se, e me perguntou o que tinha acontecido a meus companheiros. Contei-lhe que os índios os tinham matado e devorado. Mais tarde, por volta das dez horas, todos os índios foram retirados das cabanas e alguns, ao serem interrogados, disseram que eu lhes tinha mandado matar os portugueses. Disseram ainda que, se muitos portugueses não tivessem sido mortos, eu teria morrido. Mas Deus quis que a verdade fosse revelada pelas suas

Uytgegeerd te LEYDEN door PIETER VANDER AA met Privilegie

Antony Knivet.

próprias bocas. Os portugueses então mataram todos os velhos e mulheres, além de todos aqueles que tinham tido uma ação direta na morte de portugueses, que eram ao todo dez mil. Os vinte mil restantes foram distribuídos entre eles para servirem de escravos.[25]

Voltei a meu antigo senhor e fui mandado, junto com os tamoios, para um engenho de açúcar que ele tinha acabado de construir. Lá eu tinha o tempo todo de ir com os escravos até a floresta para buscar grandes toras de madeira. Ao fim de três meses vieram notícias de Cabo Frio de que os canibais chamados goitacases[26] tinham vindo se estabelecer um pouco ao sul do cabo em lugares onde antes os tamoios costumavam morar. Salvador Correia de Sá mandou para lá seu filho, Gonçalo Correia de Sá[27], e eu com ele, embora contra a minha vontade. Viajamos durante oito dias pela costa, que nos proporcionava boa quantidade de peixe. Por fim, chegamos a um lugar chamado Itaoca[28], que significa "a casa de pedra", e é o lugar

25. Diz o pesquisador inglês John Hemming: "E esta foi a última vez que ouvimos falar do grande ramo tamoio dos tupinambás, a tribo que um dia havia controlado as terras entre os atuais São Paulo e Rio de Janeiro."
26. No original "*vaytacasses*" ou "*waytaquazes*". Os goitacases eram índios não-tupi.
27. Irmão de Martim Correia de Sá.
28. No original "*Etaoca*" ou "*Etioca*".

mais protegido que jamais vi, pois era uma enorme rocha com uma abertura, como uma porta gigantesca, comparável a qualquer grande salão inglês. Os índios dizem que são Tomé ali pregou aos antepassados deles. Ao lado há uma rocha do tamanho de quatro grandes canhões que se equilibra no chão sobre quatro pedras pouco maiores do que os dedos de um homem, feito galhos. Os índios contam que esse foi um milagre que são Tomé realizou para eles, e que aquela pedra antes era de madeira. Na beira do mar há também pedras enormes nas quais pude ver várias pegadas de pés descalços, todas do mesmo tamanho. Eles disseram que o santo chamava os peixes do mar e eles o escutavam.[29]

De lá enveredamos pela mata durante quatro dias até chegarmos a uma grande montanha chamada Abauçanga-Retamboêra[30]. No sopé da montanha, à beira-mar, encontramos uma pequena aldeia de tamoios que tinham fugido na época do primeiro ataque de Salvador

29. Outros relatos quinhentistas fazem referências às pegadas de são Tomé, em várias regiões do Brasil. Provavelmente uma interpretação cristã da figura mitológica indígena Zumé, associado à tradição medieval de são Tomé como o evangelizador do Oriente. São Tomé, portanto, também teria evangelizado os índios brasileiros, antes de passar ao Oriente.

30. No original "*Abousanga-Retam*". Seria a serra de Macaé, cujo ponto mais alto é o pico do Frade.

Correia de Sá contra esse povo, e dos quais nunca se soubera até aquele momento, em que os achamos por acaso. O chefe deles (de acordo com o que nos comunicaram por sinais) tinha cento e vinte anos e era ainda bastante forte. Em seu lábio e em cada bochecha tinha grandes buracos com vistosas pedras verdes. Depois que nos apossamos dessa pequena aldeia onde moravam quinhentas almas, perguntamos a eles se sabiam onde estavam os goitacases. Nos contaram tudo o que sabiam, de modo que, dentro de três dias, nos guiaram até uma região pantanosa onde estavam os goitacases. Quando chegamos lá, esse ancião, chamado Abauçanga, colocou-se entre os mais aguerridos portugueses e disse assim: "Que aquele que nunca viu Abauçanga olhe para mim agora e aqueles que ousarem seguir-me verão a minha coragem." Então, com seu arco e flechas, ele correu pelo meio dos inimigos mais ferozes e recebeu vinte e uma flechadas. Entretanto, durante seu ataque vimos quando matou três dos goitacases. Quando entramos na luta todos os goitacases fugiram, de modo que só conseguimos capturar um deles. Abauçanga, embora estivesse muito ferido, viveu ainda quatro horas. Os portugueses lhe perguntaram por que tinha agido de forma tão desesperada, ao que ele respondeu que tinha sempre vivido como homem livre e como grande guerreiro, portanto preferia morrer a se tornar seu escravo.[31] Em seguida ele pediu para ser batizado e quis que lhe contassem algo sobre Deus, dizendo que acreditaria no que quer que lhe dissessem. O padre português contou-lhe que Deus era aquele que salvava as almas e que a dava a vida e que, se ele se arrependesse com sinceridade e desejasse o batismo, seria salvo. Ele respondeu que acreditava verdadeiramente em tudo o que haviam lhe dito e que desejava ser batizado o quanto antes. Morreu desse jeito, pedindo a Deus clemência até o último momento. De lá voltamos para casa.

De volta, Gonçalo Correia de Sá falou tão bem de mim para seu pai que este me designou para lhe acompanhar aonde quer que fosse. Nessa época chegaram notícias vindas de Portugal de que uma frota de navios tinha zarpado da Inglaterra em direção do Brasil. O governador ordenou, às suas próprias expensas, que se construísse um forte sobre uma pedra que fica na entrada do porto.[32] No entanto, ficava tão perto da margem que três meses depois de pronto o forte, o mar o destruiu, levando toda a artilharia que lá se achava.

31. No capítulo IV, Knivet dará mais detalhes sobre essa história.
32. Trata-se da Fortaleza da Laje.

Já lhes contei que, três meses depois que fui capturado, o *Desire* chegou à Ilha Grande vindo dos estreitos, e lá dezesseis de seus homens foram mortos e um deles feito prisioneiro, cujo nome era Andrew Towers.[33] Esse homem era médico e realizou muitas curas. Os portugueses passaram a considerá-lo um mago, pois ele conseguiu fazer muitas previsões. Ele só tinha um olho, e os portugueses diziam que no lugar do outro olho morava um espírito do mal. Esse homem propôs-se a criar um artifício para resgatar as peças de artilharia do fundo do mar. Era assim: mandou fazer uma roupa de couro toda recoberta de graxa e piche, de modo que

33. Conta John Jane em seu relato que o *Desire* passou pouco mais de um mês em Ilha Grande, entre o fim de 1593 e o início de 1594, quando alguns de seus homens que haviam desembarcado foram atacados pelos portugueses. Segundo Jane, quase todos foram mortos, e apenas dois conseguiram voltar ao *Desire*. Ele não chegou a saber que Towers havia sobrevivido. Conta Jane: "A 3 de fevereiro, trinta homens bem armados foram à mata, três milhas de onde o navio estava ancorado, desenterrar raízes de mandioca para servir à tripulação no lugar de pão. Isso se repetiu no dia 5. Trabalharam tranqüilamente toda manhã, e por volta das dez horas, quando o calor estava intenso, foram para uma pedra perto da mata onde cozinharam raízes de mandioca para o jantar. Depois do jantar alguns foram dormir e outros foram se banhar no mar, e nenhum ficou de guarda, nenhum lume foi aceso ou tiro dado. Enquanto estavam assim desguarnecidos, e fora do campo de visão do navio, chegou repentinamente sobre eles uma multidão de portugueses e índios, que mataram ao todo treze, somente dois escaparam, um deles gravemente ferido, e o outro incólume, dos quais soubemos as circunstâncias deste triste massacre. Saímos com o bote a toda velocidade e fomos para a praia, pensando poder socorrer nossos homens, mas os achamos todos mortos, nus e dispostos em fila, com os rostos para cima e uma cruz posta junto deles."

água nenhuma pudesse penetrá-la. Então, ele mandou fazer um capacete muito grande todo coberto de piche, com um nariz grande onde colocou três balões de ar, e na boca dois. Ele me convenceu a tentar mergulhar no mar vestindo aquilo, dizendo-me que seria muito fácil. Eu lhe disse que, se fosse bem recompensado, eu arriscaria minha vida na tentativa. Então ele avisou ao governador que, se fosse bem pago, eu arriscaria minha vida. O governador me chamou e disse: "Vou te dar dez mil coroas e um passaporte para voltar à tua terra, ou para onde quiseres ir, se engancháres essa argola na boca de um dos canhões." Eu disse a ele que tentaria fazer o melhor possível, com a ajuda de Deus.

Depois que a roupa de couro ficou pronta, a maioria dos portugueses se dirigiu para o lugar onde as peças de artilharia tinham afundado e, com grandes solenidades, rezaram a Deus para que me desse sorte. Uma vez dentro da roupa de couro, fui jogado no mar e afundei cerca de dezoito braças, com uma pedra enorme amarrada na cintura. O capacete era tão grande, todo coberto de piche e alcatrão, que, enquanto o peso da pedra (que era muito grande) me puxava para baixo, a água me puxava para cima, de modo que parecia que eu acabaria despedaçado pela corda amarrada na minha cintura. Quando me vi em tais apuros, tomei a faca que trazia amarrada na mão e cortei a corda.

Assim que subi à tona arranquei os balões de ar de meu rosto e cortei a roupa, pois estava a ponto de sufocar, e por um mês depois disso fiquei desorientado.[34]

Eu vivia pedindo a meu senhor que me dispensasse para que eu fosse em busca de meu sustento, com a intenção de voltar à minha terra, mas o governador não queria de modo algum que eu saísse de perto dele. Quando percebi que não haveria meios de deixar meu senhor, decidi fugir para Angola. Pretendia servir de soldado em Massangano[35] até que conseguisse ir ter com o rei de Anzica[36], que estava em guerra contra os portugueses, e de lá atravessar o país de Preste João[37] até

34. Knivet seria, portanto, o primeiro a usar um escafandro no Brasil.
35. O presídio de Massangano, na acepção da época feitoria ou entreposto comercial fortificado, às margens do rio Cuanza, foi fundado em 1583, aproximadamente 15 anos antes da viagem de Knivet a Angola.
36. No original, "*Anyeca*", "*Ancica*", "*Auguca*" ou ainda "*Angica*". Eram chamados de anzicos os habitantes da região a nordeste do reino do Congo, na outra margem do rio do território, onde hoje se localiza a cidade de Kinshasa.
37. Knivet refere-se à Abissínia, atual Etiópia. O Preste João, enigmática figura medieval, seria soberano e sacerdote de um reino cristão localizado no Oriente, em busca do qual partiram várias expedições e navegações portuguesas. Ao depararem com o reino cristão da Etiópia, deram o nome de Preste João ao soberano desse país, identificando o lendário personagem a um rei existente. Os primeiros missionários deixados no reino do Congo no final do século XV, em 1491, foram encarregados de descobrir o caminho para o reino do Preste João, pelo interior da África, em direção ao Oriente. Talvez seja esse o caminho aqui sugerido por Knivet.

a Turquia. No dia vinte e sete de junho de 1597, embarquei, sem que meu senhor soubesse, no pequeno navio de um certo Emanuell Andrea, para ir até Angola.[38] Durante a viagem fomos arrastados para tão perto do cabo da Boa Esperança que julgamos que iríamos afundar. O mar lá é tão revolto, e as ondas quebram de tal maneira devido às correntes, que nenhum navio resiste. Em meio a isso, quebrou-se o mastro principal e o da mesena. Foi a providência divina que fez o vento soprar para leste, o que nos levou até o porto que buscávamos, Angola[39]. Como demoramos cinco meses na viagem, outros navios que tinham partido dois meses depois de nós já tinham chegado. Quando soube que havia navios vindos do Rio de Janeiro, não ousei desembarcar,

38. Todo este trecho que descreve a viagem em Angola carece de coerência. Knivet diz, logo a seguir, sair de Massangano, em Angola, às margens do rio Cuanza, e passar pelo reino do Congo, numa caminhada de seis dias, o que é uma incongruência geográfica, provavelmente causada pelos cortes editoriais efetuados por Samuel Purchas. No próximo capítulo, Knivet explicará em mais detalhes, mas com não menos incongruências, sua passagem pela África. Vale observar que E.G. Ravenstein, editor da narrativa de Andrew Battell sobre a África, supõe que todo o episódio africano de Knivet não passa de pura fantasia de seu autor. O embaixador Alberto da Costa e Silva acredita que Knivet misturou as lembranças de uma cidade do país dos anzicos com a Massangano do rio Cuanza.

39. Luanda, atual capital de Angola, fundada em 1575, era o centro da conquista portuguesa na África Central.

temendo ser reconhecido por algum português. No dia seguinte, quando entramos no porto, um grande bote nos abordou, e nos perguntaram se queríamos vender farinha de mandioca. Dissemos que sim e lhes perguntamos para onde rumavam. Responderam que estavam esperando a maré para subir o rio Cuanza[40]. Achei que aquele era o momento adequado para meu propósito. Então embarquei com eles, deixando os portugueses impressionados de me verem partir de bom grado para Massangano, onde os homens morrem como galinhas e ninguém quer ir se puder evitá-lo.

Subimos o rio Cuanza por nove dias. Durante esse período dois portugueses morreram – o calor da região é tão intenso que lhes perfurou o coração. Três dias depois que cheguei a Massangano, dom Francisco de Mendonça Furtado[41], governador da vila do Congo, tendo recebido uma carta de Salvador Correia de Sá, que era seu grande amigo, enviou alguém para me buscar.

40. "*Guansa Tomasongano*", no original. O maior rio de Angola, a via de entrada ao continente africano, ao longo do qual vai se expandindo a conquista, e onde vão sendo fundadas as possessões portuguesas, como a fortaleza de Massangano.
41. Pode tratar-se de um engano de Knivet ou de um trecho truncado por Samuel Purchas. O governador de Angola – e não do Congo – em 1597 era João Furtado de Mendonça, que governou o país de 1594 a 1602.

Fui então levado pelas terras do rei do Congo[42], e em seis dias cheguei a uma vila chamada São Francisco[43] (onde estava o governador), bem próxima ao reino de Manicongo[44]. Quando fui levado à presença do governador, ele falou comigo gentilmente e perguntou o que eu pretendia enterrando-me por vontade própria em Massangano. Eu lhe contei então como havia servido a Salvador Correia de Sá e por quantos perigos tinha passado por ele e por seu filho sem jamais ter recebido qualquer recompensa de nenhum deles. Por isso tinha preferido me arriscar a servir ao rei[45] do que viver como escravo. O governador mandou que me enviassem a Angola acorrentado pelas pernas para que eu não fugisse. Uns quinze dias depois fui mandado de volta na caravela de Francis Lewes e em dois meses chegamos ao Rio de Janeiro. Fui então mandado, com as pernas

42. O reino do Congo era oficialmente católico, desde o batismo do rei Nzinga Nkuwu por missionários portugueses em 1491.
43. Tendo em vista as incongruências deste trecho, torna-se difícil identificar a vila citada.
44. Mani Congo era a designação do rei do Congo. Provavelmente, Knivet refere-se aqui ao próprio reino do Congo, cujo território está hoje quase todo no norte de Angola.
45. Provavelmente, Knivet refere-se ao rei do Congo, e não ao rei de Espanha. Como se verá no próximo capítulo, Knivet aproxima-se do rei do Congo, a quem espera servir: "Ele é extremamente liberal com os viajantes e gosta muito de escutar histórias sobre países distantes."

acorrentadas, até o governador. Quando me viu, ele começou a rir e caçoar, dizendo que eu era bem vindo de volta da Inglaterra. Depois de muitas piadas, ele ordenou que retirassem as correntes de minhas pernas, deu-me roupas e me tratou muito bem.

Uns dois meses depois que eu já estava de volta a serviço do governador, chegou à Ilha Grande um pequeno navio de guerra, cujo capitão se chamava Abraham Cocke[46]. Ele ficava à espera dos navios que voltavam do rio da Prata e os teria capturado não fosse por cinco de seus homens que fugiram com seu bote e acabaram por revelar sua presença ali. Assim, mais ou menos uma semana depois que ele já tinha partido, três caravelas vieram procurá-lo, e os cinco homens[47] foram

46. Abraham Cocke, rumando para o estreito de Magalhães, passou pelo Brasil em 1590. Knivet talvez esteja se referindo a outras viagens de Abraham Cocke, menos conhecidas que a de 1590; sabe-se que Cocke fez viagens para o Sul em 1592 e 1595, mas pouco se sabe delas. É possível que Knivet tenha conhecido os ingleses da primeira expedição de Cocke alguns anos antes de sua ida a Angola, e não depois como afirma aqui. Segundo o relato de Andrew Battel, tripulante da frota de Cocke em 1590, quando estavam na Ilha Grande, o capitão soube de duas pinaças que vinham de Buenos Aires carregadas de tesouros do Peru, e, portanto, decidiu ir ao rio da Prata. Nada conseguindo por lá, voltaram ao Brasil, dessa vez para a ilha de São Sebastião, onde os cinco homens mencionados logo a seguir foram aprisionados.

47. Um dos ingleses capturados era Andrew Battell. Preso pelos portugueses, foi enviado para Angola, onde passou 18 anos, tendo escrito após sua volta à Inglaterra um interessante relato de viagem, *The Strange Adventures of Andrew Battell, Rent*

capturados por um padre que vinha de São Vicente e em seguida trazidos para o Rio de Janeiro. Como nessa época eu tinha boas relações com o governador, favoreci-os o mais que pude, sobretudo um deles, de nome Richard Heixt, pois todos diziam que era fidalgo. Estávamos assim juntos há uns três meses quando um deles, chamado Thomas Cooper, casou-se e passou a manter uma casa na praia onde comerciava. Éramos então nove ingleses e três holandeses. Decidimos que, quando chegassem os carregamentos do rio da Prata, tomaríamos um dos navios que estivesse se aproximando do porto. Heixt sempre ia comigo a uma casa de portugueses onde eu era muito bem recebido. Uma noite ele entrou na casa e roubou um cofre que continha sessenta reais de oito, além de duas ou três peças de artilharia holandesas. Pedi-lhe que devolvesse

by the Portugueses Prisioner to Angola, in wich Kingdon and Adjacent Regions he Lived Eighteen Yeares, também publicado por Samuel Purchas em 1625. Conta Battell: "Fomos para a praia pegar peixes e alguns de nós entraram na mata para colher frutas, pois todos nós estávamos famintos. Havia, naquele momento, uma canoa abarrotada de índios que vinha da cidade do Espírito Santo. Esses índios desembarcaram no lado oeste da ilha, vieram pela mata e pegaram cinco de nós e nos levaram para o Rio de Janeiro. Após esse infortúnio, nosso capitão Abraham Cocke foi para o mar e nunca mais soubemos dele. Permanecemos quatro meses no Rio de Janeiro, e eu e um Torner fomos mandados para Angola, na África, para a cidade de São Paulo."

tudo, mas esse tal Heixt era um sujeito arrogante e me respondeu rudemente. Depois disso, foi até o governador e contou-lhe sobre o que havíamos combinado, dizendo-lhe que éramos todos hereges menos ele, que era católico. Tinha sido combinado que naquela noite eu deveria roubar a chave do depósito real para pegar mosquetes e pólvora e levá-los à casa de Cooper. Mas Deus quis que Heixt nos acusasse antes que eu o tivesse feito, caso contrário seríamos todos enforcados. Diante do governador negamos que jamais tivéssemos tido a intenção de tal coisa, mas Heixt disse: "Senhor, vá até a casa de Thomas Cooper e lá encontrará vinte mosquetes e pólvora que Anthony, para esse fim, roubou do depósito real. Se vossa senhoria não encontrar o que eu disse, pode dizer que sou mentiroso e trapaceiro." O governador então mandou-nos todos para a prisão, e ele próprio, acompanhado de Heixt, foi até a casa de T. Cooper, onde nada encontraram. Ele seguiu para o depósito real e viu que nada lá havia sido tocado. Com isto ficou bastante zangado com Heixt, porque o havia enganado, e disse nunca ter visto homens de um tipo tão perverso e vil como nós, que tentávamos nos destruir uns aos outros. Não muito tempo depois, devido ao seu mau comportamento, o governador mandou esse tal de

Heixt para Angola, e de lá dom Francisco[48] mandou-o para Massangano, onde morreu em condições miseráveis. Logo depois, Andrew Towers foi acusado de comer carne na sexta-feira e posto na prisão. Teve que pagar cem reais de oito para ser posto em liberdade mas, um mês depois de ter saído da prisão, fugiu para Pernambuco. Quando soube, o governador mandou duas pequenas caravelas em seu encalço para trazê-lo de volta. Em uma delas iam seu filho, Gonçalo Correia de Sá, e o sobrinho do prelado[49], além de muitos outros jovens fidalgos. Porém, quando já se encontravam em mar aberto e estavam por abordar o navio onde ia Andrew Towers, veio de repente uma forte tempestade e a pequena caravela em que ia o filho do governador não pôde enfrentar o mar,[50] e foi forçada então a se lançar na costa, onde três pessoas se afogaram, sendo uma delas o sobrinho do prelado. Acho que teriam todos se afogado não fosse Martim de Sá, que lá se achava

48. Seria, na verdade, d. João Furtado de Mendonça, governador de Angola, e não d. Francisco.

49. Talvez o primeiro prelado do Rio de Janeiro, o padre Bartolomeu Simões Pereira.

50. Aqui, Knivet parece insinuar que a tempestade tinha sido causada por Andrew Towers, médico com poderes pouco ortodoxos.

com cem escravos preparando um carregamento de pau-brasil para um navio de seu pai. A caravela restante perseguiu Towers até Pernambuco, trazendo-o de volta ao Rio de Janeiro, onde foi posto na prisão e teria sido enforcado, não fosse a cidade toda implorar por sua vida. Então mandaram-no para Massangano, onde morreu.

No ano de 1598 vieram dois navios holandeses, sendo que o capitão de um deles era Jasper Fernandes, um holandês que, conseguindo a permissão do governador depois de mostrar uma licença emitida de Portugal, desembarcou todas as suas mercadorias. Com elas fez bastante dinheiro comerciando durante três meses. Quando chegou o momento de partir, os oficiais do rei alegaram que sua autorização não tinha valor e quiseram deter seus navios. O governador então disse: "Por que não viram isto antes? Dei-lhe permissão para desembarcar com base no que vocês disseram, que esse documento era válido. Dêem algum jeito, pois se ele desembarcou com autorização e sob minha palavra, ele partirá sem qualquer trâmite." E assim Jasper Fernandes partiu para Angola.

Depois disso, o governador-geral de toda a costa do Brasil, dom Francisco de Sousa, chegou ao Rio de

Janeiro com duas urcas[51]. Quando tomou conhecimento de que Jasper Fernandes estava em Angola, mandou para lá uma caravela, para apreender seus navios para o rei. Ao saber disso, Fernandes embarcou em seus navios e fugiu, apesar dos portugueses. Naquele mesmo ano, Francisco de Mendonça de Vasconcelos foi nomeado para suceder o meu senhor como governador.[52] No dia em que a urca que trazia o novo governador dobrou a entrada da barra, o governador Salvador Correia de Sá estava em seu engenho recém-construído. O dito navio, ao entrar na barra, começou a atirar com seus canhões. O governador, sem saber o que estava havendo, mandou de pronto preparar uma grande canoa para seguir imediatamente até a cidade e ver o qual era o problema. Depois de meia hora no mar rumando para a cidade, veio uma violenta tempestade e virou a canoa. Meu senhor teria se afogado se, primeiro Deus, e depois eu não o tivesse agarrado, pois todos os seus escravos fugiram a nado até a praia, junto com Henry Barraway. Eu e Domingos Gomes, um escravo mulato que meu senhor costumava levar a bordo, fomos os únicos

51. A urca era uma embarcação a vela, geralmente com dois mastros, larga e de fundo chato, usada principalmente pelos holandeses no transporte de carga.
52. Francisco de Mendonça e Vasconcelos tomou posse em 7 de julho de 1598.

que o arrastamos até a canoa, na qual ele se segurou firme até nos aproximarmos da praia, onde as ondas eram altas como montanhas. Quase morremos todos afogados, pois a arrebentação nos puxava até os bancos de areia e nos arrastava de volta para o fundo. Depois que consegui pisar em terra, olhei para o mar e vi meu senhor vindo numa onda imensa e, quando a onda quebrou, eu e meu caro amigo Domingos Gomes o seguramos e o arrastamos para fora d'água. No entanto, ambos pensamos que estava morto, pois não conseguia falar. Então colocamos suas pernas em nossos ombros e o fizemos vomitar bastante água, de modo que recobrou os sentidos. Quando o vi recuperado, disse-lhe que o mar não fazia distinção entre governadores e os outros homens. No dia seguinte o governador foi para casa por terra para se encontrar com o novo governador na cidade. Minha alegria não foi pouca com a chegada deste último, pois pensei que finalmente tinha chegado o momento que tanto ansiava, e que dentro em breve retornaria à minha terra.

Naquele mesmo ano chegaram quatro urcas holandesas[53] e lançaram âncora na entrada do porto, bem

53. Era a frota de Olivier van Noort, que a caminho do que viria a ser a quarta circunavegação do globo passou pelo Rio de Janeiro em 9 de maio de 1599. Na cidade a

em frente à cidade. A cidade inteira tomou armas, mas meu senhor estava em seu engenho de açúcar, enquanto eu tinha ficado a serviço da senhora. Quando viu os portugueses correndo para cima e para baixo com suas armas, ela mandou-me pegar um mosquete e ir até um dos fortes, o que fiz, obedecendo ao seu comando. O novo governador chegou no forte onde eu estava, verificou os homens que lá se achavam e ordenou que um de seus homens nos desse munição. Conversei com o novo governador (que gostou muito de mim, pois comentou como eu estava a postos com minha arma e elogiou a nação inglesa por ter muitos bons soldados), mas depois disso um certo João de Silveira[54] disse-lhe que ele devia tomar cuidado comigo para que eu não tentasse fugir com os holandeses. Explicou-lhe que eu já havia feito pior que aquilo, que ele sabia que eu não hesitaria em nadar até os navios durante a noite agarrado a um pedaço qualquer de madeira, e contou muitas coisas que eu tinha aprontado na época em que meu senhor

frota tentou trocar dinheiro e mercadorias por frutas e mantimentos mas foi recebida com desconfiança e, após algumas tentativas de negociação e alguns tiros de canhão dos portugueses, rumou para a ilha de São Sebastião, de onde, após ser atacada por portugueses vindos do Rio de Janeiro, tomou o rumo do estreito de Magalhães.

54. "*John de Selvera*" no original.

era o governador. O novo governador então veio e, tomando-me pela mão, levou-me à prisão, onde fiquei por vinte e sete dias, até que as urcas tivessem partido do porto e seguido para Ilha Grande. Só então fui posto em liberdade. Passados uns dois meses desde que o governador-geral tinha ido para São Vicente,[55] veio uma grande urca de Amsterdam chamada *Golden World*, cujo capitão se chamava Laurent Bicker[56]. A urca tinha passado pela ilha de São Tomé e por uma ilha chamada Príncipe e de lá tinha seguido até os estreitos de Magalhães, onde perdeu muitos de seus homens. O vento contrário, porém, forçou-o a retornar à costa do Brasil.

55. O governador-geral, d. Francisco de Sousa, dirigiu-se a São Vicente, em 1598, a mando de Felipe II, de modo a empreender missões em busca de ouro e explorar minas. Uma observação pitoresca de frei Vicente do Salvador: "E o governador se foi de São Vicente à vila de São Paulo, que é mais chegada às minas, onde até então os homens e mulheres se vestiam de pano de algodão tinto, e se havia alguma capa de baeta e manto de sarja se emprestava aos noivos e noivas para irem à porta da igreja; porém depois que chegou d. Francisco de Souza, e viram suas galas, e de seus criados e criadas, houve logo tantas librés, tantos periquitos e mantos de soprilhos, que já parecia outra coisa."

56. Laurent Bicker, armador e capitão da urca *Gulden Werelt*, havia saído de Amsterdam em agosto de 1598 acompanhado da *Silveren Werelt*, cujo piloto, Henrich Ottsen, escreveu um relato sobre a "desgraçada" navegação das duas naus. A *Silveren Werelt*, aprisionada pelos portugueses em Salvador, em 1599, foi inteiramente saqueada e destruída, e a tripulação permaneceu na cidade, perambulando pelas ruas e passando fome, só conseguindo escapar em 1601.

Quando chegou em São Vicente, a urca mandou seu bote avisar ao governador que eram comerciantes e que, se lhes fosse dada permissão, comerciariam com eles. O governador-geral lavrou uma certidão de próprio punho e com seu selo, assegurando que nenhum mal lhes seria feito, e desde que pagassem as taxas alfandegárias do rei poderiam partir quando quisessem e para onde quisessem. Isto feito o capitão da urca ancorou-a no porto e ordenou que a mercadoria fosse desembarcada. Todos os dias o governador-geral o visitava a bordo do navio e lhe votava grandes cortesias. Depois que o capitão tinha desembarcado toda a mercadoria e a maioria dos holandeses estava em terra, muitos portugueses subiram a bordo da urca com violas, cantando e tocando. Ao vê-los chegando assim, os flamengos não desconfiaram de nada, de modo que os portugueses dançaram e beberam com os flamengos no navio. De repente, quando os flamengos menos esperavam, os portugueses puxaram suas espadas e mataram-lhes dois homens, tomando posse da urca em nome do rei.[57]

57. Registra Carvalho Franco que Laurent Bicker conseguiu voltar à Holanda. Esse episódio é narrado por frei Vicente do Salvador em sua *História do Brasil*.

No início do ano de 1599 chegaram nove urcas[58] na cidade da Bahia, mas nada conseguiram. O governador-geral já estava há uns quatro meses em São Vicente quando meu senhor teve algum negócio para fazer lá e me levou com ele. Quando chegamos em São Vicente o governador-geral encontrava-se umas cinqüenta léguas para o interior, num lugar onde disseram-lhe que havia algumas minas de ouro. Entretanto, quando lá chegou, verificou que elas não valiam a empreitada e enviou uma expedição mais para o interior, a um lugar chamado Etapusick[59]. Como eu estava lá e conhecia o local, o governador mandou-me seguir também. Quando chegamos ao dito lugar, encontramos uma mina particularmente boa. Levamos para o governador-geral um pouco de terra e pequenas pepitas de ouro que encontramos em muitos lugares onde a água erodia o

58. Tratava-se das frotas de Hartman e Broer, que atacaram e destruíram navios e vilas no Recôncavo Baiano. Conta frei Vicente do Salvador: "Esta armada se senhoreou do porto, e dos navios que nele estavam, queimando e desbaratando os que lhe quiseram resistir... com essa cólera mandou uma caravela, que tinha tomado no porto, e alguns patachos, e lanchas, que fossem pelo Recôncavo roubar e assolar quanto pudessem ... e não achando resistência lhe queimaram casas e a igreja, da qual tiraram até o sino do campanário."

59. Segundo Teodoro Sampaio, seria a serra da Mantiqueira. "*Etapusick*" seria Itapucú, chamada em outro trecho do relato de Itapuca, referindo-se à pedra do Picu.

terreno. O governador pagou-nos por elas mais do que valiam e mandou essas amostras ao rei com um ofício inquirindo se estas minas deveriam ou não ser exploradas. Também enviou quarenta mil libras em prata que ele havia extraído das minas de São Paulo, a doze léguas de São Vicente.[60] Durante o período em que estive em Etapusick meu senhor voltou para casa. Fiquei então servindo como soldado por três meses, até que houvesse embarque para o Rio de Janeiro. O governador-geral me retribuiu muito honrosamente, e me mandou de volta a meu senhor. Depois disso, meu senhor enviou-me a um lugar chamado Órgãos[61], cujas montanhas podem ser vistas do Rio de Janeiro e onde encontramos uma pequena mina de ouro e muitas pedras preciosas. Então chegou uma urca da Espanha trazendo um bispo e um governador espanhol[62] que deviam seguir em pequenas embarcações de lá para o rio da Prata, e, por fim, para Somma[63]. Pouco depois que esse navio aportou no

60. Não se sabe da existência de minas de prata em São Paulo, apenas das minas de ouro de Jaguará.

61. No original, "*Organs*". A serra dos Órgãos.

62. Rodrigo Valdéz de la Banda, governou a província do Rio da Prata entre 1599 e 1600.

63. Provavelmente a cidade de Assunção, no Paraguai.

Rio de Janeiro espalhou-se uma doença parecida com sarampo, mas que era pior que a peste, pois em três meses morreram na cidade mais de três mil índios e portugueses. Essa doença dava em muitos lugares da região. Nessa época, como eu passava a noite toda carregando a barcaça com pau-brasil para levar do engenho até a urca espanhola, a friagem fez uma de minhas pernas inchar tanto que eu não conseguia mais caminhar. É comum e muito perigoso nesses países um homem suado tomar uma corrente de ar, sobretudo à noite, já que, sendo uma terra quente, tem um ar cortante que ataca, de repente, em qualquer parte do corpo. Fiquei muito doente durante um mês.

No dia 14 de agosto de 1601[64], Salvador Correia de Sá, governador do Rio de Janeiro,[65] embarcou para Pernambuco na urca já mencionada junto com sua esposa, d. Inês de Sousa[66]. Seguimos navegando para leste até o dia quinze, mas no dia dezesseis tomamos a rota nordeste e, por volta das dez horas avistamos o cabo.

64. A data mais razoável seria janeiro de 1599, e não agosto de 1601.
65. Desde julho de 1598, o governador do Rio de Janeiro era d. Francisco de Mendonça e Vasconcelos, que sucedeu a Salvador Correia de Sá e permaneceu no cargo até julho de 1602, dando lugar a Martim Correia de Sá.
66. "*Donenes de Sosa*", no original.

Nos dias 17, 18 e 19 retomamos a direção leste, com vento noroeste, pois temíamos os bancos de areia e os recifes chamados Abrolhos[67], que ficam entre o cabo e Espírito Santo. No dia 20, com o vento sul, navegamos no curso nordeste. Mantivemos esse curso até o dia 25 do mês, quando o vento passou a soprar na direção norte e então novamente tivemos que seguir mar adentro para leste, e foi preciso manter este curso até o último dia do mês. No dia primeiro de fevereiro[68], com vento sudoeste, navegamos novamente para nordeste e fomos margeando a costa, até o dia 7. No dia 8 o mestre e o piloto mediram a altura do sol e viram que estávamos a dez graus e meio ao sul da linha. Enquanto o mestre e o piloto discutiam sobre a viagem, veio uma ave marinha e, pousando na murada de trás do navio, deixou cair dois ou três peixinhos. Ao ver isto, um espanhol chamado Gaspar Conquero[69], que tinha algum conhecimento da costa, avisou ao mestre: "Tenha cuidado pois acho que o senhor está mais perto da costa do que imagina,

67. "*Aborollas*", no original. Abrolhos fica a c. 6,5 quilômetros da costa do sul Bahia, em frente à barra do rio Caravelas, perto do Espírito Santo.
68. Temos neste parágrafo uma das muitas incongruências cronológicas da narrativa. O mais provável seria 1° de outubro, e não de fevereiro.
69. Foi capitão-mor da capitania de São Vicente.

pois não sabe como a corrente pode arrastá-lo para oeste até a costa." O flamengo mandou-o cuidar de sua vida, dizendo que sabiam muito bem o que fazer e não precisavam daquela ajuda. O piloto se manteve a quarenta léguas da praia e rumou norte. No dia nove, à meia-noite, vimos terra. O piloto imediatamente lançou âncora mas, encontrando somente umas oito braças de profundidade, mandou que os marinheiros imediatamente arribassem. Eles assim fizeram, mas, embora o vento soprasse para nordeste, estávamos muito perto da praia e não conseguíamos voltar para o mar aberto. Nisso vimos os recifes tanto a estibordo quanto a bombordo e, antes que conseguíssemos jogar a âncora, fomos arrastados para tão perto deles, a sotavento, que não houve remédio senão nos lançarmos sobre os recifes, onde teríamos nos afogado. Mas Deus quis, que nos salvássemos, pois a proa de nosso navio ficou presa nas pedras durante uma meia hora e com isso decidimos derrubar ambos os mastros e lançar vários caixotes no mar, julgando que seria impossível salvar qualquer coisa. Mas Deus quis, que, quando menos esperávamos, uma onda enorme quebrasse contra as pedras, lançando-nos em águas de oito braças de profundidade, entre as pedras e os recifes. Assim, pela providência divina, fomos salvos do perigo já dito.

No dia seguinte, vimos canibais na praia. O governador então mandou que eu fosse até lá para falar com o povo selvagem[70] e saber deles em que costa estávamos e se poderíamos seguir por terra até Pernambuco. O capitão mandou que um mameluco chamado Antonio Fernandes me acompanhasse até a praia mas, quando chegamos na areia, esse mameluco não teve coragem de desembarcar, com medo dos canibais selvagens. Portanto, segui sozinho e os cumprimentei de acordo com o costume da terra. Depois lhes perguntei como chamavam o lugar em que estavam. Eles me responderam que se chamava Coruripe[71], que significa "rio dos sapos". Disseram também que estávamos muito perto do rio São Francisco, e que, mais ao norte achava-se o rio chamado São Miguel[72], e que eram escravos dos portugueses de Pernambuco, tinham levado gado para a Bahia e vinham de volta. Um desses escravos subiu a bordo comigo e conversou com o governador. No dia seguinte, a esposa do governador implorou ao marido

70. Por essa passagem podemos perceber o quanto Knivet era perito nas línguas dos índios.

71. "*Cororeyespe*", no original. Em frente ao rio Coruripe, no estado de Alagoas, naufragou o primeiro bispo do Brasil, Pedro Fernandes Sardinha, em 1556, e lá foi devorado pelos índios caetés.

72. O rio São Miguel, em Alagoas, foi descoberto por Américo Vespúcio, em 1501.

para deixar a urca e seguir por terra, o que ele então fez atendendo ao pedido dela. Ordenou portanto que todos os seus pertences fossem desembarcados, e abandonamos nosso navio. O governador instruiu o mestre a ir para Pernambuco se fosse possível, caso contrário, a ir até a Bahia, e de lá para Portugal, juntamente com os navios que estivessem partindo dali. Essa urca transportava nove toneladas de prata, postas ao encargo de Diogo Quadros[73] pelo governador-geral dom Francisco de Sousa, e em Pernambuco ficariam ao encargo de meu senhor, Salvador Correia de Sá. O lugar onde desembarcamos fica a quarenta léguas de Pernambuco. Durante essa viagem desde o rio dos Sapos, ou dos recifes chamados baixios de d. Rodrigo[74], eu e Domingos Gomes passamos umas doze léguas carregando uma caixa cheia de ouro puro pertencente a meu senhor. São três léguas do rio dos Sapos até um lugar chamado pelos índios de Upaguaçu[75], que é um excelente ponto para se fazer aguada. De Upaguaçu até um outro rio

73. "*Diego de Quadro*", no original. Foi capitão-mor de Sergipe, entre 1595 e 1600, e provedor de Pernambuco em 1601.
74. "*Bayshas Deamrobrio*", no original.
75. "*Upavasou*", no original. Segundo Gabriel Soares de Sousa, a c. 20 quilômetros do rio Coruripe ficava o porto de Sepetiba.

chamado Casuays é uma légua de distância e de lá até o rio de São Miguel são mais quatro léguas. Nesse rio mora um mameluco muito rico, João da Rocha[76], e lá descansamos por três dias. Nesse lugar o governador-geral[77] carregou um pequeno barco pesqueiro e decidiu partir para Pernambuco nele.

No mesmo dia em que partimos do rio de São Miguel no pequeno barco, veio uma enorme tempestade de nordeste e fomos forçados a retornar ao rio de São Miguel correndo grande perigo de vida. O vento era fortíssimo e acabou por nos empurrar contra uma pedra que ficava a sudoeste da embocadura do rio, muito perto da praia. Todos os que sabiam nadar pularam na água, o que fez com que o barco ficasse mais leve e pudesse navegar para longe das pedras. Então o governador e sua esposa disseram que seguiriam por terra. Assim, no dia seguinte, partimos do rio de São Miguel até um outro grande rio chamado Una[78]. Esse rio fica a três léguas de São Miguel e nele meu pequeno barco pôde entrar, fazer aguada e pescar grande quantidade

76. "*John de Recho*", no original.
77. Um engano de Knivet. Não era o governador-geral, mas Salvador Correia de Sá.
78. "*Uno*", no original.

de peixe fresco. De lá fomos até um outro rio chamado Jacaracica[79], de onde o governador mandou que eu e Antônio Fernandes seguíssemos na frente até uma pequena aldeia para reunir provisões para a sua chegada. Havia no nosso grupo um português chamado Rafael Pereira[80] que insistiu em ir conosco. Dissemos-lhe que seria necessário atravessar muitos rios e que seria melhor que ele ficasse com o governador e sua esposa. Mas ele, ignorando nossas palavras, seguiu conosco, e assim partimos todos os três no dia seguinte. Assim que deixamos o governador, chegamos a um rio muito bonito chamado Santo Antônio, que atravessamos com uma jangada feita de caniços. De lá seguimos até um lugar chamado pelos índios de Amrecuva Prisema, que é o porto dos franceses.[81] De lá seguimos até um enorme rio bonito chamado Camaragibe[82], e fomos até o rio das Pedras. Partimos de lá subindo pela água numa jangada feita de três troncos secos amarrados. Na

79. "*Jaquareasicke*", no original.

80. "*Rafiel Penera*", no original.

81. Talvez seja o porto Velho dos Franceses, a que se refere Gabriel Soares de Sousa, a c.26,5 quilômetros do rio São Miguel.

82. No original "*camarijiuva*". Em Alagoas.

manhã seguinte chegamos a uma bela campina onde vimos muitas vacas e um engenho de açúcar, então fomos até lá. O dono do engenho era um importante holandês[83] a quem entregamos a carta do governador. Assim que terminou de ler a carta, mandou que matassem duas reses e juntassem dez alqueires de farinha de mandioca, e muitas galinhas e perus. Ambos fomos tratados com muitas honrarias durante a semana em que lá estivemos. De lá partimos em direção a um lugar chamado Porto do Calvo, a três léguas de Recife,[84] que é um excelente porto em qualquer estação e durante o ano todo tem estocados pelo menos dois mil caixotes de açúcar. Nesse lugar, Manuel Mascarenhas[85] veio nos encontrar com duzentos cavalos e, depois de descansar dois dias, chegamos a Pernambuco.

Passados vinte dias desde que tínhamos chegado na cidade, Feliciano Coelho[86] mandou avisar Manuel

83. O alemão Cristóvão Lins, segundo Carvalho Franco.
84. No original "*Porto do Calva*" e "*Areseeve*". Porto do Calvo foi fundado por Cristóvão Lins, na década de 1570, no que é hoje o estado de Alagoas.
85. "*Manuell Masquerennas*" no original. Manuel Mascarenhas Homem foi capitão-mor de Pernambuco de 1596 a 1603 e conquistador da capitania do Rio Grande.
86. "*Jelisiano Cuello*", no original. Foi capitão-mor da Paraíba, tendo tomado posse em 1595, e, depois, governador de São Tomé.

Mascarenhas que se encontrava sitiado no Rio Grande pelos potiguares[87], e que se não recebesse logo ajuda dele, seria forçado a abandonar a vila do rei[88], com a perda de todas as vidas. Mascarenhas imediatamente decidiu ele próprio partir, e deixou a cidade de Pernambuco sob a guarda de meu senhor Salvador Correia de Sá. Assim partimos de Pernambuco com quatrocentos portugueses e três mil índios e, depois de sete dias de viagem enfrentando duras escaramuças com vários canibais pelo caminho, alcançamos o Rio Grande. Quando chegamos na entrada da vila, nosso capitão fez um longo discurso a todos os portugueses e índios, incitando-os contra aqueles infiéis, cujo exército tinha pelo menos quarenta mil soldados. Pediu que todos se confessassem ao padre e se comungassem, pois ele tinha decidido que na manhã seguinte iriam atacar os inimigos. Isso foi feito com muita astúcia, pois os canibais, numa emboscada no dia anterior, tinham feito duzentos

87. "*Putewaras*", "*petivares*" ou "*petywares*", no original. Índios tupis aliados dos franceses, ofereceram grande resistência à conquista portuguesa das capitanias do Norte. Estabeleceram-se no Rio Grande do Norte, de onde foram expulsos pela expedição comandada por Manuel Mascarenhas Homem e Feliciano Coelho, em 1597. Eram inimigos dos tabajaras, aliados dos portugueses.

88. Provavelmente, a cidade de Natal, fundada por Manuel Mascarenhas, no atual Rio Grande do Norte.

prisioneiros e matado muitos deles para comer, e assim, não esperavam que chegássemos justo no auge de seu festim e bebedeira. Quando os atacamos, as pessoas da vila, que estavam no lado oposto, ouvindo o clamor, avançaram, tomando-os de surpresa. Então fizemos uma tal matança que eles foram forçados a levantar o sítio, tendo perdido três mil, que foram feitos prisioneiros, e mais cinco mil, que foram mortos. O rei desses canibais se chamava Piragibe[89], que significa "espinha de peixe". Quando esse príncipe pagão se viu derrotado por um número tão pequeno de pessoas como nós, comparado à sua multidão de soldados, mandou alguns de seus homens até Manuel Mascarenhas para fazer um acordo de paz. Suas condições eram as seguintes: se todos os prisioneiros fossem libertados e se fosse permitido que ele e sua gente vivessem como homens livres, então ele e todos os seus se tornariam seus súditos e aceitariam o batismo. Essa oferta foi de fato aceita por Mascarenhas e foi assim que uma das maiores províncias de todo o norte brasileiro se submeteu ao rei de Espanha. Acabada essa conquista, nosso capitão, general Mascarenhas, logo

89. "*Piraiuwath*", no original.

construiu duas fortalezas na entrada da vila, na beira do rio, e mandou buscarem em Pernambuco quarenta peças de artilharia de ferro, colocando vinte em cada forte.[90] Muitos soldados conseguiram nessa conquista pedras extremamente valiosas, tanto diamantes quanto rubis e uma enorme quantidade de safiras azuis, nas pequenas aldeias à beira-mar. Encontramos vasta quantidade de âmbar cinzento, que os índios chamam pirapuã-repoti[91]. Dessa vez, a sorte de certa forma sorriu para mim, pois amealhei mais de quinhentas coroas nessa viagem.

Depois de terminada essa conquista, Manuel Mascarenhas retornou a Pernambuco, onde encontrei meu senhor Salvador Correia de Sá, já pronto para embarcar para Portugal no mesmo navio em que tinha vindo do Rio de Janeiro. Naquela altura esse navio já tinha chegado de volta da Bahia[92], onde tínhamos ficado encalhados naquele lugar chamado baixios de d. Rodrigo, e quase tínhamos naufragado. Quando voltei do Rio Grande para Pernambuco conheci dois ingleses, o primeiro um

90. Trata-se da fortaleza dos Reis Magos, situada na barra do rio Potengy, cuja construção teve início entre 1596 e 1597.
91. "*Pirapoun Arepoty*", no original.
92. "*Bayeya*", no original.

fidalgo chamado Thomas Turner[93] e o outro, Musgrave[94], piloto de uma fusta[95] pertencente ao sr. Newton, um mercador de Londres. O sr. Turner, a conselho meu, partiu para o Rio de Janeiro e de lá para Angola, onde conseguiu grandes lucros com sua mercadoria. Mais tarde, quando nos reencontramos na Inglaterra, ele me agradeceu por isso. Voltando à minha história, no dia treze de agosto de 1596[96], Salvador Correia de Sá, governador do Rio de Janeiro, capitão-geral de Espírito Santo, Porto Seguro, Santos e São Vicente, partiu de Pernambuco com quinze urcas de Hamburgo, sete fustas de Emden e Hamburgo, e, pelo menos, vinte caravelas, todas carregadas de açúcar. O *Maria* velho, de Hamburgo, um navio de setecentas toneladas cujo dono se chamava *Hans Burg*, e onde vinha

93. Samuel Purchas edita no mesmo volume, em seguida ao relato de Knivet, uma pequena relação intitulada "*Relations of Master Thomas Turner, Who Lived the Best Part of Two Years in Brasil, Which I Receveid of Him in Conference Touching His Travels*". Interessantes observações de Turner: "Os índios brasileiros são canibais, e não só por vingança, mas também para alimentar-se devoram carne humana"; "Diz-se que de Angola são embarcados, anualmente, vinte e oito mil escravos, e houve uma rebelião dos escravos contra seus senhores, dez mil deles se amotinaram e se arrancharam, mas foram perseguidos pelos portugueses e índios, dois mil ou três mil deles foram recuperados"; "O Brasil está cheio de minas, se ao menos o rei se dispusesse a explorá-las".

94. Thomas Musgrave, citado mais adiante quando Knivet está em Lisboa.

95. Uma fusta era uma embarcação comprida e de pouco fundo, movida a vela ou a remo e utilizada para fins mercantes ou de guerra.

96. Abaixo, Knivet dirá 15 de agosto de 1599.

o governador, era a capitânea. O *Maria* novo, um navio de quinhentas toneladas, era a almiranta, cujo dono se chamava Adrian Cornelias, e a contra-almiranta era um navio de quinhentas toneladas, cujo dono se chamava Conrado. Da mesma forma seguia um outro grande navio conosco chamado *George*, pertencente a um certo Hans Duke, e seguiam também o *David* e outros mais. Com essa frota partimos de Pernambuco, no dia quinze de agosto de 1599 e, depois de dois meses navegando, chegamos a Lisboa. Lá continuei servindo na casa do governador por nove meses, até que caí doente. Nessa época eu já havia gastado tudo o que tinha trazido comigo do Brasil e minha penúria era enorme. Teria sido ainda maior se não fosse por uma inglesa bondosa que conheci num convento e que fazia seu noviciado na época em que eu estava em Lisboa. Primeiro graças a Deus, e depois a ela, salvei-me de sofrer uma morte das mais miseráveis.

Depois que cheguei em Lisboa fiquei gravemente doente na casa de meu senhor, prostrado num quartinho tendo somente um pedaço de tapete velho servindo de cama. Permaneci acamado por seis semanas, no maior sofrimento possível, pois primeiro tive uma febre altíssima e ninguém me ajudava exceto um pobre escravo de meu senhor, já que meu querido amigo Domingos Gomes já tinha morrido. Esse escravo, por gostar de mim, às vezes me trazia comida e água, mas às vezes eu passava dois dias sem uma coisa nem outra. No fim dessas seis semanas, Thomas Musgrave e o sr. Thomas Turner vieram me ver junto com alguns holandeses e me deram doze xelins que tinham reunido entre eles. Eu já tinha recebido tantos generosos presentes de minha bondosa sra. Foster que preferia morrer a que ela soubesse que eu me achava assim tão necessitado. Mas Thomas Musgrave de Ratcliffe, sabendo o quanto ela tinha me ajudado, convenceu-me a escrever-lhe, o que (embora a contragosto) fiz. Assim que ela recebeu minha carta, mandou-me cinqüenta coroas e passou a me visitar todos os dias. Contudo, apesar de tudo isso minha doença piorou a tal ponto que aqueles que me viam achavam que eu não escaparia, a não ser que fosse tratado por um médico. Dessa forma, pelo intermédio da sra. Foster, que alegou que eu era parente seu, fui levado para o Hospital do Rei[97], onde em dois meses me recuperei, pois, após sofrer vinte e uma sangrias, fiquei fora de perigo. Fui liberado muito gentilmente do hospital, com dez xelins na minha bolsa.

97. Hospital de Todos os Santos, ficava na praça do Rossio, ligado à Misericórdia, e foi destruído pelo terremoto de 1755. Era o segundo edifício mais bonito de Lisboa, de acordo com o historiador quinhentista Damião de Góis na *Descrição da cidade de Lisboa*:

Depois que saí do hospital, pensei comigo mesmo que o melhor seria deixar a casa de meu senhor e encontrar algum outro meio de sobrevivência. Tendo isso em mente, fui até a Alfândega Real[98], onde conheci muitos homens de todos os países. Conheci alguns escoceses que procuravam alguém que falasse sua língua. Ao saber disso, ofereci meus serviços e, pouco depois, eu já tinha tantos fregueses quantos conseguia pegar, e deles recebia muito boa remuneração para servir de intérprete. Muitos comerciantes holandeses queriam que eu viajasse com eles, em seus negócios no Brasil e nas Índias, mas eu antes de mais nada desejava voltar à Inglaterra, pensando

"Em segundo lugar, segue-se um outro exemplo de misericórdia e humanidade, ou seja, um sanatório público de pobres e doentes, chamado Hospital de Todos-os-Santos. Em nada fica atrás do edifício anteriormente referido [a Igreja da Misericórdia], nem quanto à magnificência das instalações, nem quanto à soma das despesas, nem sequer quanto à forma carinhosa com que tratam os pobres acabrunhados por doenças corporais diversas, ou com que tomam conta das crianças expostas, que procuram alimentar e educar. Está o edifício dividido em quatro claustros com jardins muito aprazíveis; tem trinta e quatro arcadas para as quais, a toda a volta, dão habitações magníficas ocupadas com refeitórios e dormitórios, providos convenientemente de camas e roupas limpíssimas. Os doentes pobres são recebidos com carinho e generosidade; e não os deixam sair antes de totalmente recuperada a saúde. A alguns, mesmo, dão-lhes ao sair uma certa quantia, o bastante para poderem sustentar-se durante vários dias, sem qualquer trabalho e dificuldade, até se acharem completamente restabelecidos."

98. A Alfândega Nova, anexa ao Celeiro Público, no terreiro do Paço, grandiosa edificação manuelina, também descrita por Damião de Góis: "Trata-se [o celeiro público] de uma estrutura com duas alas, com magníficos edifícios, com outras tantas galerias, e trinta e dois arcos de ambos os lados, dotada de oitenta armazéns, e tendo ao centro um pátio

que lá encontraria meios de me estabelecer de modo satisfatório. Infelizmente agora percebo que minha penúria não me permitiria uma promoção. Voltando a falar de meu retorno à Inglaterra, minha intenção era ficar um pouco mais em Lisboa, já que vinha vivendo, como já lhes disse, muito decentemente, me mantendo muito bem com o que recebia dos comerciantes estrangeiros que não sabiam espanhol. Mas, como meu destino era e sempre é contrário à minha vontade, um dia, em plena Alfândega Real, encontrei com um sujeito que me contou que meu senhor, Salvador Correia de Sá, tinha ordenado que eu voltasse a trabalhar para ele, caso contrário ele viria buscar-me, querendo eu ou não. Em poucas palavras, dei pouca importância ao seu recado e continuei fazendo o que tinha de fazer junto àqueles a quem devia meu sustento. Mas eis que então meus velhos amigos – prisão e sofrimento – voltaram para deixar-me mais longe do que nunca de meu tão desejado lar. Pois Salvador Correia de Sá, vendo que

liso e estreito. ... Nas costas desse edifício, a ele encostado, encontra-se a Alfândega Nova, que se estende até à beirinha do mar. É uma mole imensa de pedra, escorada com grandes estacas muito juntas, espetadas a maço no mar, e construída por ordem e a expensas do mesmo rei [d. João III]. Atendendo à grandiosidade das edificações e à beleza da construção, com razão me julguei obrigado a atribuir-lhe o quinto lugar nesta série."

eu não voltava, incitou o vice-rei Cristóvão de Moura[99] contra mim, contando-lhe do mal que eu causaria se alcançasse meu país. Assim, fui imediatamente preso em plena rua, como se fosse um conhecido vilão, levado para a cadeia e lançado numa masmorra,[100] onde fiquei (Deus é minha testemunha) três dias sem comer nem ver luz alguma. Finalmente, consegui vislumbrar uma réstia de luz, e, tentando escalar a parede, desesperado e meio louco, quebrei um pedaço da tábua que tapava uma grade de ferro. Comecei a gritar de tal maneira que muitos vieram até a janela, e muitos tiveram dó de mim, mas ninguém pôde me ajudar etc.[101]

99. "*Christopher de Mouco*", no original. Foi vice-rei de Portugal em dois períodos, de 1600 a 1603 e de 1608 a 1612; amigo de Salvador Correa de Sá.
100. Provavelmente a prisão do Limoeiro.
101. A narrativa se interrompe bruscamente aqui, indicando que houve, ao que parece, um drástico corte editorial da parte de Samuel Purchas, a quem não parecia conveniente incluir o desfecho da aventura lisboeta de Knivet e as circunstâncias de sua volta à Inglaterra. Sabe-se por um documento dos arquivos ingleses que Anthony Knivet chegou à Inglaterra numa frota de três urcas, de dois mercadores de Amsterdam, a 27 de setembro de 1601. Teriam facilitado sua fuga, na interpretação do pesquisador R.F. Hitchcock, a sra. Foster e o padre Seth, do convento brigetino de Lisboa. De volta a seu país, Knivet provavelmente contou com a ajuda de seu tio, Thomas Knivet, membro da Câmara Particular, que teria incluído o sobrinho na equipe de sua casa da King Street, Westminster, onde ele se encarregou dos negócios do tio. Há registros de que, mais tarde, lord Thomas Knivet conseguiu nomeá-lo para um cargo na Royal Mint, a Casa da Moeda inglesa. Knivet teria morrido em 1649, segundo um testamento que no entanto pode se referir a ele ou a um homônimo.

Capítulo 4

As diversas tribos de selvagens no Brasil e nas regiões vizinhas: suas várias naturezas, costumes e ritos. As criaturas e outras coisas incríveis que o autor viu em suas inúmeras peregrinações durante muitos anos

Os potiguares não são de natureza tão selvagem e bárbara quanto outros em muitas outras províncias do Brasil, pois se vêm até eles como comerciantes, eles comerciam, se vêm como guerreiros, eles lutam com muita bravura. São homens de boa estatura, cujos corpos são todos tatuados com lindas imagens e nos lábios fazem um furo com um chifre de veado. Quando chegam à idade adulta, cortam esse furo com um caniço, alargando-o o suficiente para enfiarem nele uma pedra verde, e aquele que não a tem é considerado inferior. Esses canibais não têm religião. Podem tomar quantas esposas queiram ou consigam, mas as mulheres não podem ter mais que um marido, a não ser que seu marido lhe dê permissão em público perante todos, e então ela pode se casar com quem quiser. Quando esses índios vão para uma batalha, as esposas carregam todas as provisões em cestas nas costas. Esses canibais andam completamente nus e vivem nas regiões do Norte do Brasil, da Bahia ao Rio Grande. Nem sempre comem carne mas sim raízes, e quando, por acaso, um deles consegue caçar algum animal selvagem ou ave nas montanhas volta com a caça e a entrega àquela esposa com a qual se deitará à noite. Ela então vai até a ribeira e se lava e, deitando-se na rede, manda que todas as outras esposas de seu marido a sirvam, o que obedientemente fazem durante aquele dia. Quando chega a hora de uma mulher parir ela fica na porta e, assim que a criança nasce o pai se deita na rede (como as mulheres fazem entre nós no resguardo) e recebe a visita de todos os seus vizinhos, enquanto suas esposas servem-no com muita diligência. Nenhum índio, quando sua esposa está grávida, caça peixe ou carne alguma de fêmea, pois acredita que se matar algum ser reprodutor, a criança morrerá. Quando esses índios viajam pelas matas levam consigo uma grande quantidade de tabaco e a todo instante colocam uma folha na boca, entre os lábios e os dentes, de modo que, enquanto mastigam, a seiva escorre pelo buraco que têm nos lábios.

Esses canibais lutam contra os portugueses e contra todas as tribos de canibais e comem todo o tipo de gente que é inimiga sua. Quando capturam um homem, não o matam. Ao invés disso, aquele que o capturou o dá a um irmão ou a um amigo para matá-lo. Quanto mais homens um índio mata, mais nomes toma para si. Quando matam um homem, pegam uma corda nova feita de lã de algodão e amarram o prisioneiro pela cintura. Trazem-no do cativeiro com três homens segurando cada ponta da corda, de modo que ele morra estando bem preso pela cintura. Então, aquele que deve matá-lo se aproxima com todas as suas esposas dançando, todo pintado de vermelho e elegantemente enfeitado com penas de muitas cores na cabeça, joelhos e braços, e segurando uma grande espada de madeira nas mãos. Chega perto do homem que deverá morrer e faz para ele um longo discurso, dizendo-lhe que deve morrer, com estas palavras: "Deves olhar o sol e todas as coisas que prezas para despedir-se delas, pois jamais irás vê-las novamente." Depois de dizer essas palavras, ele se afasta dançando junto com suas esposas, mas logo volta pulando e gritando, dizendo: "Sou eu aquele que veio te matar, defende-te." Deste modo chega por trás daquele que deve morrer e desfere-lhe um golpe na nuca. Assim que o prisioneiro cai com o golpe, o índio arrebenta-lhe o crânio, e é quando o dão por morto. Depois que o matam, pegam um dente de coelho preso num pedaço de madeira e com isso esfregam o corpo todo levantando a pele, de modo que, quando colocam o homem morto sobre as chamas da fogueira, toda a pele sai e a carne fica muito branca. Então eles o assam e fervem, e comem dela, acreditando que a carne humana os faz fortes e corajosos.

Esses canibais têm aldeias enormes, suas cabanas têm duzentos e vinte jardas de comprimento e são cobertas de galhos de palma e não têm qualquer divisão interna. Deitam-se em redes que penduram em vigas e fazem sua fogueira no chão. Toda manhã homens, mulheres e crianças se lavam. Têm bom estoque de farinha de milho e mandioca, da qual fazem pão. Eles compartilham o espaço e se acomodam sem qualquer confusão entre si. Na terra em que vivem há muitas frutas boas e ervas de muitas propriedades, além de diversas serpentes selvagens, as quais tentarei descrever o melhor possível para vocês. Nessa região vi serpentes vivas e mortas, ou cobras, que os índios chamam jibóia[1].

1. No original, "*lebya*" ou "*laboya*".

Pode-se encontrar essas serpentes nas montanhas do Rio Grande, estiradas no chão como troncos de árvore. Quando algum animal selvagem lhes chega perto, elas lançam duas barbatanas que lhes saem da testa e atacam com tanta força que aquilo que atingem, matam. Essa jibóia tem quatro patas como um jacaré ou um crocodilo, e uma enorme cauda que fica escondida debaixo dela quando está tocaiada na floresta à espera de animais selvagens, para que não a percebam. Vi também nessa região do país um tipo de macaco que os índios chamam guariba[2]. São grandes como um cão d'água e inteiramente pretos, têm rostos parecidos com os dos homens e barbas longas e cheias. Pode-se ver uns vinte deles numa mesma árvore, e um deles fica andando para cima e para baixo sempre com a pata na barba, fazendo muito barulho enquanto todos os outros ficam sentados quietos, ouvindo, durante uma hora.

Na costa entre Pernambuco e Bahia vive um tipo de canibal chamado mariquitás[3], que todos os outros índios chamam tapuias. Tapuia, na língua deles

2. "*Warina*", no original.
3. No original, "*mariquites*". Em uma anotação lateral, o editor Samuel Purchas registra: "Mariquitás tapuias é um nome (como aparece no *Tratado* do padre português que segue) dado a 76 nações amazônicas."

quer dizer "homem selvagem".[4] Entre todos os outros canibais esse nome é tido como terrível, exceto entre canibais de um outro tipo chamados guaianases, que se comportam de modo semelhante aos mariquitás. Os mariquitás são homens de boa estatura, as mulheres são muito bem apessoadas e lutam com arcos assim como os homens. Não têm habitação fixa, mas vivem para cima e para baixo pela floresta como animais selvagens. Não têm qualquer religião, nem relação com outras tribos, porém lutam contra aqueles que encontram (mas agora estão em paz com os portugueses). Têm buracos nos lábios, como os outros canibais, mas não têm as tatuagens dos potiguares. Eles tomam quantas esposas quiserem, como os outros canibais. A sua língua é diferente das de todos os outros índios. Eles esfregam um tipo de goma no corpo e então, com a penugem de papagaios e de outros pássaros, fazem-no ficar todo colorido. Esses canibais têm a pele bem morena e são muito rápidos. Eles nunca saem no campo para lutar, como fazem outros canibais, mas ficam nas montanhas, dormindo em grutas e se escondendo atrás de árvores.

4. "Tapuia" é a designação tupi para qualquer índio não-tupi; inimigos, "bárbaros".

Quando percebem que têm vantagem sobre o inimigo, saem dos esconderijos e ferem e matam quantos puderem. Assim, depois que esses canibais conseguem disseminar o máximo de destruição que lhes é possível, fogem e aquele que consegue correr mais rápido é considerado o mais valente. Pode-se encontrar esses canibais nos rios São Francisco, São Miguel e Santo Antônio. Eles também comem carne humana, mas não fazem as mesmas cerimônias dos potiguares e de outros canibais.

Do rio São Francisco até a baía de Todos os Santos vivem os tupinambás[5] que se comportam de maneira semelhante aos potiguares. Seu corpo é todo desenhado, do rosto aos pés. As mulheres são mais bonitas do que as potiguares. Andam completamente nus como os outros canibais. Deixam a barba crescer até ficar comprida, como nenhuma outra tribo de canibais, mas raspam os cabelos assim que crescem com um ..... do mesmo modo como raspam as sobrancelhas e os pêlos das partes íntimas. Cantam e dançam como os potiguares e falam a mesma língua.

5. "*Topinambazes*", no original.

Da Bahia até os Ilhéus vive uma tribo de bárbaros chamados aimorés[6], que são homens de grande estatura. São muito resolutos e destemidos e têm os pés rápidos como cavalos. Esses canibais afugentaram os portugueses das ilhas e são tão corajosos que cinco ou seis deles podem atacar um engenho de açúcar habitado por pelo menos cem pessoas. Já vi um deles pegar um homem vivo e usá-lo para se defender como nós usamos escudos. Eles têm cabelos longos e negros, como os irlandeses selvagens.[7] Não têm aldeias ou cabanas, vivem percorrendo a floresta como animais selvagens. Não temem passar por nenhuma região pois são tão rápidos que ninguém consegue atacá-los. Eles se alimentam pouco de carne humana e são um povo muito sujo, seus corpos estão sempre imundos de poeira, da sujeira do chão e das cinzas onde dormem.

No Espírito Santo vivem canibais de um tipo chamado temiminós. Esses índios são homens de boa estatura. Já estive em batalhas contra eles, muitas delas

6. "Elews" e "*waymores*", no original.

7. Interessante comparação. Como observa Peter Burke (cf. Bibliografia), a Europa vê no Novo Mundo a si mesma num estágio primitivo, e um atestado disto são as representações de homens do passado europeu vestidos de índios. É o caso, aqui, da identificação entre os índios brasileiros e os irlandeses, que eram vistos por seus contemporâneos ingleses como selvagens e primitivos.

com os portugueses, em um lugar chamado Morogege[8]. Eles têm muitas aldeias nas ilhas que ficam no rio Paraíba, todas fortificadas com enormes pedras enfileiradas feito altas paliçadas. No lado de dentro dessas paliçadas há muros feitos de pedra e barro. As cabanas são compridas e cobertas com cascas de árvore e as paredes são como paliçadas de caniços, de modo que possam atirar por elas. Éramos, na ocasião, pelo menos quinhentos portugueses e trezentos índios, fazendo o cerco à aldeia de Morogege, e várias vezes os temiminós nos atacaram com tanta violência que tememos todos morrer ali, de modo que fomos forçados a ficar debaixo de um passadiço feito de pedra, barro e troncos enquanto aguardávamos ajuda vinda do Espírito Santo. Os índios temiminós subiam nos muros da aldeia todos cobertos de penas e com os corpos pintados de preto e vermelho, muito feios de se ver, segurando algo como rodas feitas de penas que eles incendiavam e sacudiam sobre as cabeças, gritando para os portugueses: "*Lovae eyave pomombana*", que quer dizer "É desta forma que vocês serão consumidos". Depois que chegaram os

8. No capítulo anterior, Knivet se refere a um rio Morgege, que Teodoro Sampaio lê "mogi" e o identifica ao rio Tietê, no atual estado de São Paulo.

reforços do Espírito Santo eles começaram a ficar com medo e a fugir da aldeia. Mas, quando vimos isto, fizemos algo que os portugueses chamam pavêses (são feitos de caniços de sete ou oito jardas de comprimento, que nenhuma flecha pode atravessar), que os portugueses e os índios que estavam do nosso lado carregaram como uma parede, e assim protegidos alcançaram os muros da aldeia e os puseram abaixo, com muitos mortos e feridos entre os nossos.

No meio da batalha nosso capitão, Martim de Sá, foi jogado no rio por um canibal, que o pegou nos braços e, a despeito de todos nós, carregou-o à distância de um tiro de pedra, e o jogou no rio, onde ele teria se afogado se não fosse por um índio muito famoso chamado Patamicu[9], que era escravo do próprio Martim de Sá. Esse Patamicu (que quer dizer "tabaco comprido", pois os índios têm esse tipo de nome) matou o canibal que tentava afogar seu senhor, e assim o salvou. Naquele dia vencemos e pegamos dezesseis mil deles, dos quais matamos mil e seiscentos a fio de espada, e dividimos o restante entre os portugueses. Depois, atacamos muitas pequenas aldeias, matando to-

9. "*Patammycu*", no original.

dos os velhos, tanto homens como mulheres, e separando aqueles que poderiam ser úteis, e depois voltamos para casa. Após termos destruído a região, descemos um rio chamado Paraíba até que chegamos a uma aldeia de canibais chamada Moru. De lá fomos até a montanha que os índios chamam Paranapiacaba, que quer dizer "vista do mar", e dela até um outro lugar chamado pelos canibais de Tupamboiera, que quer dizer "contas de Deus".[10] Os portugueses chamam esse lugar de Órgãos.[11] Lá há certas montanhas que se debruçam sobre o Rio de Janeiro. Então descemos um rio chamado Macacu[12] e chegamos à cidade de São Sebastião, no Rio de Janeiro, onde cada homem levou seu escravo para casa.

Os goitacases vivem em Cabo Frio, que é chamado pelos índios de Jequeí[13]. Eles ocupam tanto o lado Norte quanto o lado Sul do cabo, nas planícies pantanosas. São homens mais altos que os aimorés. Fui com Gonçalo Correia de Sá[14] lutar contra esses canibais e certa

10. No original, "Moron" (segundo Teodoro Sampaio, a aldeia era próxima da atual cidade de Macaé); "Paranaptaqueva" (designação genérica da serra do Mar); e "Tupanboyera".
11. A serra dos Órgãos, no Rio de Janeiro.
12. "Macuiu" no original.
13. No original "Iocoex" – Jequeí, segundo Carvalho Franco.
14. Irmão de Martim e filho de Salvador Correia de Sá. Essa campanha contra os guaitacases é narrada no Capítulo III.

vez capturamos treze deles e os deixamos amarrados pelas mãos e pés numa cabana, enquanto partimos em busca de mais prisioneiros, mas, quando voltamos, não encontramos mais nenhum deles lá. Tínhamos deixado uma fogueira acesa, de modo que eles queimaram as cordas e escaparam. Usam o cabelo comprido como os irlandeses selvagens e as mulheres vão para a guerra com arcos e flechas como os homens. Suas cabanas são bem baixas e pequenas e eles não se deitam em redes como os tamoios e outros canibais, mas no chão como porcos, fazendo uma fogueira no centro das casas. Esses canibais não vivem em paz com nenhuma outra tribo, e devoram todo tipo de gente: franceses, portugueses e africanos. Muitas vezes, no tempo em que estive no Rio de Janeiro, navios naufragaram nesse cabo e todos os portugueses e negros foram devorados. Já os vi pegar grandes tubarões pela cauda e arrastá-los para a praia.[15] Nesse lugar vi grandes aligatores da água (que

15. Conta Gabriel Soares de Sousa: "Costumavam esses bárbaros andarem no mar nadando, esperando os tubarões com um pau muito agudo na mão, e, em remetendo o tubarão a eles, lhe davam com o pau, que lhe metiam pela garganta com tanta força que o afogavam, e matavam, e o traziam à terra, não para o comerem, para o que se não punham em tamanho perigo, senão para lhes tirar os dentes, para os engastarem nas pontas das flechas."

chamamos *crocodiles* em inglês) de quase sete jardas. Esse crocodilo tem grandes escamas e garras longas que são muito feias de ver.[16] Quando os portugueses descobrem onde se encontra um desses, dos grandes, pescam-no com correntes e um grande anzol de ferro, e para isca usam um galo ou uma galinha amarrado ao anzol. Eles se dão ao trabalho de capturá-los porque sua bolsa escrotal é bem grande e melhor do que qualquer animal almiscareiro.[17] Nesse lugar as montanhas eram tão cheias de carrapatos que não sabíamos mais o que fazer. Eles grudavam na nossa pele de tal modo que não sabíamos como tirá-los. Por fim, tivemos que usar palha seca e chamuscar-nos como se chamuscam porcos e foi assim que nos livramos deles. Lá também encontramos boa quantidade de porcos selvagens e um tipo de ave selvagem do tamanho de perus chamada mutum[18].

16. Descrição semelhante ao "monstro" avistado no Capítulo I.
17. Pero de Magalhães de Gândavo também se refere ao almíscar dos jacarés: "Também há lagartos mui grandes pelas lagoas e rios de água doce, cujos testículos cheiram melhor que almíscar, e a qualquer roupa que os chegam fica o cheiro pegado por muito dias."
18. "*Mutas*", no original. Na descrição do padre Fernão Cardim: "Essa galinha é muito caseira, tem uma crista de galo espargida de branco e preto, os ovos são grandes como de pata, muito alvos, tão rijos que batendo um no outro tinem como ferro, e deles fazem os seus maracas."

Abauçanga é o nome de um valente canibal que vivia bem perto dos goitacases. Esses canibais são um ramo dos tamoios. Há uns vinte anos havia um governador entre os portugueses chamado Mem de Sá, no Rio de Janeiro, que combateu os tamoios e, no final, conquistou toda a capitania. Somente esse Abauçanga ficou escondido em buracos e grutas com uns quarenta ou cinqüenta dos seus. A caminho de uma batalha contra os goitacases, passamos casualmente por essa aldeia e lá soubemos pela gente de Abauçanga que ele estava em guerra contra os goitacases. Mandamos então espiões para ver se conseguíamos prendê-lo antes de atacar os goitacases. Certa noite, ouvimos um grande estardalhaço dos canibais, de modo que o capitão mandou alguns espiões averiguar, e eu era um deles. Vimos que Abauçanga e seu grupo tinham capturado cinco goitacases e com muita algazarra os estavam matando para comer. Quando já tínhamos visto o bastante, retornamos até o capitão e contamo-lhe o que tínhamos visto. Naquela noite cercamos Abauçanga e o levamos prisioneiro, junto com sessenta jovens de seu grupo. Perguntamos a ele qual era o melhor jeito de combater os goitacases. Ele nos respondeu que era preferível que ele se aconselhasse conosco do que nós com ele, pois ele não costumava usar nenhuma tática, mas lutava no campo aberto e, se quiséssemos, poderíamos ver como ele lutava contra seus inimigos. No dia seguinte, quando estávamos perto de onde moravam os goitacases, Abauçanga, com a permissão de nosso capitão, veio e juntou-se a nós com todo o seu grupo. Quando tinham aprontado os arcos e flechas, ele correu no meio de seus inimigos mais ferozes com todo o seu grupo, onde dezoito deles foram imediatamente mortos e a maioria dos outros ficou gravemente ferida, e ele próprio levou vinte e uma flechadas. Diante de nossos olhos, ele matou três goitacases antes de cair. Os portugueses ficaram escondidos na mata e com suas armas mataram cento e trinta goitacases. Os selvagens ficaram tão impressionados quando ouviram os tiros que pensaram que o diabo tinha vindo para o meio deles e todos começaram a correr o mais rápido que podiam. Quando os portugueses saíram ao seu encalço encontraram Abauçanga ferido no campo, como já lhes disse. Assim que Abauçanga viu os portugueses perplexos com ele, pediu que lhe contassem alguma coisa sobre Deus pois, ele disse, os franceses tinham lhe dito que havia um Deus e que aquele que acreditasse nele seria salvo. Quando os portugueses lhe contaram sobre a sua fé, ele disse que acreditava em Deus e quis ser batizado, ao que lhe deram o nome de João. Durante as duas horas em que esse índio ainda viveu, ele só chamava por Deus, e assim morreu, aos cento e vinte anos de idade, como ele nos mostrou por meio de sinais.

Os guaianases vivem a dezoito léguas ao sul do Rio de Janeiro, num lugar que os portugueses chamam de Ilha Grande. Esses canibais são de baixa estatura, têm barrigas grandes e pés largos, uma aparência razoavelmente boa e são muito covardes. Não tatuam o corpo e tampouco valorizam tanto devorar carne humana, como fazem os tamoios, os temiminós e outros canibais. As mulheres são corpulentas e muito feias, mas têm rostos muito agradáveis. As mulheres dessa região pintam o corpo e o rosto com uma coisa chamada na língua deles urucum, que as deixa muito feias e que cresce em bolsas redondas como feijões e com a qual se faz uma tinta vermelha como ocre. Tanto homens como mulheres usam o cabelo comprido, caindo pelos lados, mas o topo da cabeça é todo raspado, como o dos padres franciscanos. Esses canibais dormem em redes feitas de casca de árvore e quando viajam pela mata carregam o alimento que têm em redes nas costas. Nunca ficam sem tabaco, que prezam mais do que qualquer coisa que possuem, usando-o para curar feridas, quando as têm. Quando os portugueses precisam de escravos, vão para a Ilha Grande, onde estão certos de encontrar guaianases pescando. Então lhes mostram facas, contas e espelhos, indicando-lhes a mercadoria que querem. Os índios logo vão até um lugar chamado Jaguarapipo, na língua deles, que é sua aldeia principal, e de lá trazem até a praia todos aqueles que pretendem vender. E assim se pode comprar deles o mais barato possível.

Os tupiniquins vivem em São Vicente. São homens de boa estatura e de razoável boa aparência. Suas mulheres são todas pintadas com várias cores e, na cabeça usam uma casca fina de árvore, como uma fita. Esses canibais comem carne humana, como outros, não adoram ídolos nem têm qualquer religião, somente quanto matam um homem pintam o corpo com um tipo de fruta chamada jenipapo[19], usam arranjos de penas na cabeça e grandes pedras no lábio inferior, amarram chocalhos nas mãos e, assim paramentados, ficam até três dias inteiros dançando sem parar. Fiquei impressionado ao ver como bebiam uma bebida imunda sem passar mal e perguntei-lhes como conseguiam ainda agüentar-se tanto tempo bebendo tanto daquela bebida imunda. Responderam-me que o tabaco os mantinha frescos como se não tivessem

19. "*Jenipavo*", no original.

tomado nada.[20] No lugar em que vivem esses canibais há boa quantidade de ouro em muitas montanhas perto da praia. Hoje os portugueses possuem alguns desses locais mas eu gostaria que nós possuíssemos o resto. Aqui paro de falar dos canibais que vivem na costa e passo a lhes contar das tribos que encontrei enquanto viajei pelo sertão até novamente voltar à costa. Contei-lhes no primeiro livro de minha viagem como, passados uns cinco ou seis anos de minha captura pelos portugueses, parti com eles para uma batalha contra os canibais. Agora, com a graça de Deus, contarei, com a maior precisão possível, sobre todas as tribos que vi e com quem convivi naqueles nove meses em que viajei pelo sertão com os portugueses, além do ano e onze meses que passei entre os próprios canibais.[21]

Os canibais chamados puris[22] vivem pelo menos cem milhas no interior adentro e se parecem com os

20. O padre Fernão Cardim sobre o tabaco: "A alguns faz muito mal, e os atordoa e embebeda... ele é muito medicinal, principalmente para os doentes de asma, cabeça ou estômago, e daqui vem grande parte dos portugueses beberem esse fumo, e o têm por vício, ou por preguiça, e imitando os índios gastam nisso dias e noites."
21. Refere-se à entrada dirigida por Martim Correia de Sá, iniciada em outubro de 1596, travessia que Knivet fez acompanhado pelos 12 portugueses e sua subseqüente estada com os tamoios, a quem guia a caminho do litoral.
22. "*Pories*", no original.

guaianases. São homens de baixa estatura e se alimentam somente de pinhas e de pequenos cocos do tamanho de maçãs, com um tipo de casca um pouco mais dura que uma noz, que os índios chamam airiris[23]. Têm boa aparência e gostam muito de roupas, se porventura conseguem se apoderar de alguma. As mulheres se pintam de várias cores, como vermelho, azul e amarelo. Vivem em paz com os portugueses e não lutam contra nenhuma outra tribo. Tampouco comem carne humana se tiverem algum outro tipo de carne. Dormem em pequenas redes feitas de casca de árvores e não têm cabanas, mas amarram dois ou três galhos e os cobrem com folhas de palmeira se por acaso chove. Nessa região vi muitos leopardos e leões e muitos gatos montanheses grandes, que os índios chamam de maracajás, enquanto chamam os leopardos de jaguaretê e os leões de jaguaruçu.[24] Nessa tribo pode-se trocar uma faca ou um pente por cinco ou seis galões de óleo balsâmico.[25]

23. "*Eyrires*", no original.

24. "Marcayabiie" (maracajás), "jawaryle" (jaguaretê) e "*jawarosov*" (jaguaruçu), no original.

25. As árvores de bálsamo mais comuns eram a cabureíba e a copaíba, cujo bálsamo era usado para curar feridas, amenizar cicatrizes e "para frialdades, dores de barriga e pontadas de frio", como explica Gabriel Soares de Sousa.

Depois de cruzar o famoso rio Paraíba, chega-se a uma região de canibais chamados molopaques[26]. Esses se parecem bastante com holandeses em tamanho, têm a pele muito clara e barbas como as dos outros homens, ao contrário de outros canibais, entre os quais raramente se encontra um com barba. A maioria cobre suas partes íntimas e se comporta de maneira gentil. Suas aldeias são bem fortificadas, rodeadas de muros de terra e de grandes troncos, dentro dos quais há muitas cabanas para os homens e suas famílias. Há um entre eles que chamam de Morubixaba e que é o seu rei, embora não tenhamos notado qualquer diferença entre ele e os outros, exceto o nome e o fato de ele ter (como me lembro) treze esposas, o que nenhum outro tinha. Entre esses canibais havia boa quantidade de ouro, para o qual não dão valor nem têm uso, exceto para prender nas redes de pesca quando vão pescar no rio Pará, onde conseguem peixe farto e bom e que fica a umas oitenta léguas além do Paraíba. Esses índios não extraem ouro das minas, como fazem os espanhóis, mas apenas apanham as pe-

26. Segundo Teodoro Sampaio, *molopaque* seria derivado de *mirapac*, que significa "gente esperta"; esses índios seriam habitantes do Sapucaí-Guaçu, no atual estado de Minas Gerais.

pitas que afloram quando chove, pois as minas ficam num lugar onde não há árvores, em montanhas áridas de terra escura que os índios chamam de *tainquara*. A montanha onde os molopaques encontram essa boa quantidade de ouro se chama Itaparanga[27]. Se esses canibais tivessem conhecimento de Deus, posso arriscar dizer, não haveria gente no mundo como eles. As mulheres são bem apessoadas, têm a pele clara como as nossas inglesas e se comportam de forma muito recatada e gentil. Vocês nunca as verão rir, são pessoas perfeitamente capazes de entender qualquer coisa. Têm os cabelos tão compridos que os prendem na cintura com a casca de uma árvore e assim cobrem sua nudez, e se comprazem muito disto. Seus cabelos têm as cores dos cabelos das mulheres inglesas, alguns louros, outros brancos e outros castanhos. Aquelas que não têm cabelos compridos usam um tipo de pele de animal, chamada sagüim-guaçu[28], para cobrir sua nudez. Esses canibais comem carne humana. Passei somente uns nove ou dez dias entre eles, portanto não posso lhes descrever mais de seus costumes. Durante o

27. "*Etepararange*", no original.
28. "*Sawyathwasou*", no original.

tempo em que estive entre eles não verifiquei qualquer tipo de religião, embora eles sejam bastante organizados, respeitando horários de refeições – ao meio-dia e à noite – diferentemente das outras tribos, além de serem muito limpos em tudo o que fazem.

Em seguida chegamos a uma bela campina, onde encontramos um tipo de canibal chamado mataiás[29]. Assim que souberam que estávamos em suas terras, saíram todos de suas cabanas e vieram ao nosso encontro cantando e dançando, dizendo que estavam muito felizes com a nossa chegada. Trouxeram farinha de milho, pimenta e vários tipos de raízes para nos presentear, implorando a nossa amizade e pedindo que os ajudássemos a lutar contra os tamoios. Como era exatamente esse o nosso propósito, dissemos-lhes que era por isto que lá estávamos. Quando chegamos nas cabanas desses canibais, as mulheres vieram se sentar à nossa volta, nos acariciavam e choravam amargamente. Quando pararam, cada uma delas nos trouxe a comida que tinham: algumas sapos cozidos, outras serpentes ou cobras, que achamos muito gostosos. Outras trouxeram

29. "*Motayas*", no original.

macacos e um tipo de cachorro selvagem que eles caçam nas montanhas. Os homens nos trouxeram carne humana seca, preta como carvão, e nos disseram que era de um tamoio que tinham matado e queriam que a comêssemos, pensando estarem nos oferecendo uma iguaria fantástica. Quando viram que nos recusávamos a comer carne humana, caíram na gargalhada e alguns disseram que não sabíamos o que era uma boa carne. Esses canibais são homens de baixa estatura e pele morena. Andam completamente nus e usam os cabelos (como agora fazemos na Inglaterra) abaixo das orelhas, assim como as mulheres. Assim que o cabelo cresce, queimam-no com fogo, aparando-o com tanto artifício que parece cortado a tesoura. Não deixam crescer nenhum pêlo nas sobrancelhas nem no queixo, pois assim que cresce eles o raspam com uma concha. Seu alimento é farinha de milho, raízes, sapos, cobras, serpentes, crocodilos, macacos e cães que eles caçam na mata, além de leopardos e gatos montanheses. Todas essas carnes eles comem, e nós, que as achamos muito gostosas, ficávamos felizes de poder comê-las.

Então chegamos à terra de um tipo de canibal chamado lopos, que os portugueses chamam de bilreiros.[30] Esses canibais ficam sempre nas montanhas de pinheiros e não têm nada além de pinhas para comer. Nunca vi qualquer cabana em que morassem, mas sim galhos amarrados com ripas. Eles se aproximavam e nos diziam muitas coisas, acompanhando-nos por uns dois ou três dias, e então fugiam. Muitas vezes, quando encontravam algum de nossos índios ou portugueses, se apoderavam daquilo que os nossos traziam mas deixavam-nos ir, sem machucá-los. Em nossa viagem por essa região encontramos muitas minas de ouro, do qual nosso capitão conseguiu obter boa quantidade com esses índios, além de muitas pedras preciosas. Não há local mais rico do que esse em toda a América, mas fica tão distante do litoral e é tão populoso que nem portugueses nem espanhóis conseguem morar lá. Os lopos são homens de baixa estatura e de pele muito morena, toda pintada como a dos outros canibais que já mencionei. As mulheres são morenas como os homens e muito grosseiras e despudoradas, pois se comportam como animais selvagens e em tudo o mais se parecem com estes.

30. Os bilreiros eram os índios caiapós, também conhecidos na época como ibirajara.

Depois de atravessar essa região, penetramos na região dos guaianaguaçus, onde os encontramos em pequenas aldeias construídas à beira-rio. Achamos esse o povo mais simplório de todos, pois ficavam todos parados nos olhando como se fossem um rebanho de veados, sem dizer nada. Encontramos grande quantidade de farinha de milho e abóboras, que comemos. Em vários pântanos próximos da aldeia matamos muitos crocodilos e os comemos, pois nessa viagem quase tínhamos morrido de fome. Esses canibais são de boa estatura, grandes e altos, de membros bem talhados e de boa aparência. Mas são um tipo de gente preguiçosa, que não cuida de nada, que fica o dia todo em casa ociosa e só sai para buscar comida. As mulheres são de boa estatura e têm a pele de um moreno pálido, e são elas que providenciam as abóboras e raízes para os maridos. Nesse lugar ficamos todos, ou quase todos, doentes depois de comer um tipo de fruta que os índios chamam de *madiopuera*[31]. Essa fruta tem o tamanho de uma ameixa, amarela como ouro, e tem a polpa doce como

31. Não foi possível identificar fruta com essa designação. Manipuera, segundo Carvalho Franco, é o caldo da mandioca.

a de qualquer amêndoa. A maioria de nós comeu dessa fruta e dezesseis morreram, enquanto muitos outros ficaram doentes pelos quinze dias seguintes.

Assim que nosso grupo se recuperou, continuamos em nossa perseguição dos tamoios, tendo como guias seis dos mataiás. Eles nos conduziram por pelo menos dois meses a esmo pela mata fazendo-nos crer que estávamos próximos da aldeia de nossos inimigos. Finalmente nos trouxeram à vista de duas aldeias que ficavam nas margens do rio. Quando os portugueses viram como as aldeias eram grandes, não ousaram atravessar o rio, temendo que os índios nos vissem e armassem alguma emboscada. Como não havia, em todo o grupo, português ou índio que ousasse atravessar o rio, o capitão e os chefes portugueses decidiram que eu deveria ir até a aldeia, querendo ou não. Quando vi que não havia outro remédio, despedi-me de todos eles, pois pensei que certamente estava indo para o matadouro ou, ao menos, que teria de passar o resto de minha vida entre eles como um canibal. Com esses dois extremos em mente, encomendei minha alma e meu corpo a Deus todo poderoso e atravessei o rio a nado, segurando um pequeno escudo feito de cortiça. Assim que alcancei a outra margem, segui diretamente até a aldeia, mas lá encontrei somente dois avestruzes mansos. O povo nos tinha visto e fugido. Quando os portugueses souberam por mim que não havia ninguém, tornaram-se valentes como leões, disputando sobre quem iria primeiro até a aldeia. Esse era o rio Jaguari e a aldeia se chamava Manoara[32]. Foi nesse lugar que eu quase fui enforcado por ter dado um soco em Antônio Martins no pátio da guarda, depois que matei a serpente enorme chamada surucucu. Nessa aldeia havia enorme quantidade de farinha de milho e abóboras defumadas. Lá também conseguimos bastante tabaco e batatas, além de ouro em pepitas e cristal, e também muitas outras pedras preciosas. Alguns encontraram diamantes e um tipo de pedra azul que os portugueses apreciam muito e que chamam de pedras de sangue[33].

A serpente que matei tinha treze palmos de comprimento e vinte e quatro dentes afiados como unhas. Em torno do pescoço tinha escamas maiores do que em outras partes do corpo. As escamas eram pretas e vermelho-escuras, formando uma espécie de coleira, enquanto no corpo eram vermelho-escuras e verde escuro. Por

32. "*Iawarie*" e "*Menuare*", no original.
33. Pedra-de-sangue, heliotrópio ou jaspe-de-sangue: pedra verde com manchas vermelhas, a que se atribuía poderes mágicos.

baixo, a barriga era salpicada de preto e branco. Tinha quatro pés afiados que não eram mais compridos que um dedo humano, e uma língua que parecia um arpão de ferro. Sua cauda era como um chifre de touro, só que reto, toda listrada de preto e branco. De uma dessas o Senhor me protegeu e permitiu que eu a matasse com um cabo de machado, durante a noite. Os índios não ousam matar uma dessas a menos que estejam em grupos de cinco ou seis e armados com arcos e flechas. Todos os animais selvagens, como leões ou leopardos, e todas as cobras temem o fogo, menos essa. Se por acaso uma serpente dessas encontra alguma fogueira deixada pelos índios enquanto atravessavam a mata, começa a se lançar contra o fogo até morrer ou apagá-lo. Quando querem emboscar uma presa, ficam próximas de uma árvore pequena ou de um arbusto e, assim que um animal selvagem passa, elas se lançam sobre ele, enfiando a cauda no ânus do que conseguem agarrar.

Depois que ficamos quinze dias ou três semanas nesse lugar, os portugueses resolveram voltar mesmo sem nada ter conseguido. O capitão renunciou à sua autoridade e juntou-se aos seus amigos na busca pelo caminho mais direto de volta. Foi então que eu e doze jovens portugueses decidimos ir até o mar do Sul por terra, pois soubemos pelos mataiás que não estávamos muito distantes do Peru e de Cuzco. Sabendo da penúria em que nos achávamos e da grande fome que passamos na vinda até a aldeia de Manoara, temíamos voltar pelo mesmo caminho. De minha parte, tentei convencer os doze jovens portugueses o mais que pude, pois eu certamente seria morto se voltasse no grupo do capitão. Ao fim de muita deliberação, finalmente resolvemos tentar nossa sorte na selva. Depois que nos separamos de nosso grupo, chegamos a uma serra onde havia boa quantidade de ouro e muitas pedras preciosas. Ao chegar nessa região, pensamos que tínhamos alcançado a província do Peru, já que havia tantas minas. Não houve um entre nós que não tivesse guardado um estoque de pedras, a tal ponto que recolhíamos pedras num dia para, no dia seguinte, jogá-las fora em vista de outras maiores e melhores. Viajamos uns dois meses nessa região dourada até que chegamos à enorme e curiosíssima montanha de cristal.[34] Essa é uma montanha tão alta que parece alcançar as nuvens e tão íngreme que é impossível subir até o topo. Foi lá que passamos pelo subterrâneo e, na verdade, esse foi

34. Segundo Teodoro Sampaio, a serra de Itaberaba.

um dos maiores perigos e uma das situações de maior desespero em que me meti.

Uma vez tendo superado esse perigo, foi a vontade de Deus nos entregar nas mãos de nossos inimigos mortais, os tamoios, por quem meus doze companheiros foram mortos e devorados, e somente eu fiquei entre os canibais por mais um ano e onze meses. Durante esse tempo fui muitas vezes à guerra contra outros povos que ameaçavam a região dos tamoios e, agradeço a Deus, meu desempenho foi tão bom que me tornei muito valorizado entre eles e com isto passei a ter grande comando sobre eles quando iam para o campo de batalha. Esses tamoios são homens tão bem apessoados quanto qualquer europeu. Fazem furos nos lábios superiores como os potiguares e a maioria deles tem a pele bem clara. Os homens trazem sempre na cabeça arranjos de penas de várias cores que fazem um bonito efeito, e andam inteiramente nus. As mulheres são tão bem feitas quanto as de outras tribos: altas, adoráveis, de pernas bem torneadas, asseadas, de cintura muito fina e pele bem clara, de mãos bonitas e rostos muito bem talhados. Usam um tipo de tatuagem nos seios que lhes cai muito bem. Esses canibais dão ao ouro e às pedras preciosas tanto valor quanto nós a uma pedra qualquer da rua. Se os espanhóis conhecessem essa região, não precisariam ter ido até o Peru, pois não há lugar como esse para todo tipo de metal valioso ou pedra preciosa. Lá vivi por dezoito meses, e andava nu como os canibais. Depois de ter estado entre eles pelo tempo que lhes contei, já me tinham em tão alta conta que não faziam nada sem antes me consultar. Muitas vezes eu lhes falava sobre as idas e vindas de nossos navios ingleses para os estreitos de Magalhães e como tratávamos bem todas as tribos e como tínhamos todo tipo de coisa útil para eles. Essas palavras fizeram com que os canibais quisessem ir até o litoral e me perguntaram como poderiam ir viver na costa sem se tornarem escravos dos portugueses. Eu lhes respondi que conhecia muitos lugares onde os ingleses e os franceses costumavam ir e onde jamais qualquer português ou espanhol tinha estado. Depois que lhes aconselhei, todos concordamos em atravessar a região de Tucumã[35] e de lá seguir até o mar, entre o rio da Prata e São Vicente. Essa região de Tucumã é toda arenosa e lá vivem os pigmeus. Vi muitos deles com os espanhóis no rio da Prata. Não são tão pequenos como imaginamos

35. "*Tocoman*", no original. Knivet considerava a afamada região de Tucumã um território que se espalhava do Brasil ao Peru.

aqui na Inglaterra e, em Tucumã, vivem em cavernas no chão. Em muitos locais os habitantes dessa região têm um tipo de farinha como a que encontramos na Inglaterra, além de farinha de mandioca.[36]

Tucumã é considerado pelos espanhóis como a fronteira entre o Brasil e o Peru, pois aí há todo tipo de raízes brasileiras, e milho, assim como no Peru. Essa terra não dá nada aos espanhóis, exceto cavalos selvagens, e os índios de Tucumã são inimigos mortais de todos os povos do Peru. Por isso os espanhóis conservam esse território, assim a província do Peru, mantida em terror, não se insurgirá. Depois que atravessamos essa região, chegamos a um rio que corre de Tucumã para o Chile, onde ficamos quatro dias fazendo canoas para atravessá-lo, pois havia tantos crocodilos que temíamos a travessia.[37] Depois que cruzamos esse rio

36. Vale aqui reproduzir nota do professor Rogelio Claudio Paredes, autor da edição argentina do livro de Knivet: "É impossível indicar a origem dessa notícia fantástica de Tucumã povoado de pigmeus. A respeito das casas subterrâneas, é verdade que alguns grupos étnicos, como os comechingones serranos, as construíam desse modo. Knivet indica que a farinha de caçave era um dos recursos alimentares dos habitantes indígenas de Tucumã, o que pode se considerar correto se se tem em conta que essa área geográfica incluía para o autor o Paraguai, onde cultivadores da mesma origem que os brasileiros faziam da farinha de mandioca uma de suas principais fontes de alimentação."

37. Segundo Teodoro Sampaio, seria o rio Tietê, "no trecho a jusante do salto de Itú".

chegamos à montanha de Todos os Metais.[38] Muitos espanhóis e portugueses já tinham passado por esse lugar e alguns degredados tinham sido abandonados nas praias dessa costa por um certo Pedro de Sarmiento[39]. Na época em que aí esteve, ele fincou uma enorme cruz onde escreveu que a região pertencia aos espanhóis, mas eu apaguei e escrevi que pertencia à rainha da Inglaterra. Essa montanha tem diversos tipos de metal, cobre e ferro e algum ouro, além de boa quantidade de prata. É muito alta e totalmente descampada. Ali também tinham construído uma capela, onde encontramos duas imagens, uma de Nossa Senhora e outra de Cristo Crucificado.[40] Quando os tamoios viram esses símbolos, pensaram que eu os havia traído. Eu próprio me espantei, pois achei que estaríamos em algum lugar do rio da Prata e, para que os índios não desanimassem, mostrei-me muito satisfeito, dizendo-lhes que aqueles eram símbolos

38. "*Detodas Metalas*", no original. Segundo Teodoro Sampaio, o morro de Araçoiaba, "já a esse tempo explorado". "Engenhos" de ferro foram instalados na região, nos séculos XVI e XVII, por Afonso Sardinha.
39. No original, "*Pedro de Charamento*". Pedro Sarmiento de Gamboa fundou uma colônia no estreito de Magalhães em 1581. Segundo o que Knivet diz aqui, teria abandonado homens de sua tripulação na costa da capitania de São Vicente, atual estado de São Paulo.
40. Segundo Teodoro Sampaio, a capela teria relação com o engenho de ferro de Afonso Sardinha.

que os homens de meu país usavam quando chegavam a uma terra estranha. Com tais argumentos convenci os tamoios a continuar sua viagem até o mar, pois se eu tivesse lhes contado que era tudo obra dos espanhóis, de quem tinham pavor, teriam todos voltado para o lugar de onde tínhamos vindo. Enfim chegamos ao litoral, como já lhes disse a uma aldeia dos carijós que ficava num local agradável, bem próximo à praia numa bonita baía onde cem navios poderiam ancorar sem perigo. Lá há sempre boa quantidade de peixe. Nessa terra, por uma faca ou um anzol pode-se comprar uma dúzia de boas peles e, se quiserem, por qualquer bagatela esses índios trazem duas ou três cestas cheias de metais. Alguns até tiveram a sorte de, por dois ou três espelhos, um pente ou dois e algumas facas, conseguirem o equivalente a quatro ou cinco mil coroas em ouro e pedras. A aldeia ficava no alto de um morro, mas nós a destruímos. No entanto, depois que fomos capturados pelos portugueses e os carijós receberam sua terra de volta, ocuparam novamente o mesmo lugar em que estavam quando os expulsamos de lá. Foi aí que os portugueses me prenderam e queriam me enforcar pelos doze portugueses que os índios tinham matado e devorado.

Os carijós são homens de boa estatura e muito valentes. Fazem furos no lábio inferior como outros canibais. Esses canibais também comem carne humana e falam a mesma língua dos tamoios. As mulheres são muito bonitas e a maioria tem a pele clara. Usam os cabelos soltos sobre as orelhas, têm o corpo todo pintado de preto e o rosto riscado de amarelo. Seus seios são cobertos de tatuagens de várias cores que lhes ficam muito bem. Lá chegou ao fim minha viagem através da América com os canibais. De lá voltei novamente a meu senhor Salvador Correia de Sá, onde me achei pior do que jamais tinha estado.

Os gigantes de Port Desire, os habitantes de Port Famine e também de Angola, Congo, Massangano e Anzica, países da África.

Em Port Desire, que é o porto próximo dos estreitos de Magalhães, vivem gigantes de quinze ou dezesseis palmos de altura. Garanto que em Port Desire vi as pegadas deles na praia, e que tinham a extensão de quatro pés de um de nossos homens. Vi também dois deles que tinham acabado de ser enterrados e um tinha quatorze palmos de comprimento.[41] Depois que fui apanhado

41. Os gigantes da Patagônia são descritos por vários cronistas quinhentistas. Antônio Pigafetta foi o primeiro a descrevê-los: "Um dia, quando menos esperávamos, um

pelos espanhóis[42], o *Desire*, um dos nossos navios que tinha permanecido sozinho em Port Desire, perdeu nove homens e um menino. Dois ou três dos tripulantes capturados na costa do Brasil contaram que os gigantes jogaram pedras imensas, com cordas, na direção deles, de modo que tiveram que levantar âncora e se afastar da costa. Vi outro desses no Brasil, trazido por Alonso Dias, um espanhol, que tinha sido afastado de San Julians por causa do mau tempo. Esse gigante, embora fosse apenas um rapaz, já tinha mais de treze palmos de altura. Port Desire é um local bastante agradável, onde correm muitos belos rios. Os espanhóis afirmam que de lá é fácil seguir para o Chile[43] dos índios, que é uma região muito rica. Em muitos riachos em Port Desire há grande quantidade de pérolas e corais, além de muitos pingüins e focas numa ilha que fica uma milha ao sul da entrada do porto. Os gigantes de quem falei andam completamente nus e usam o cabelo comprido, na altura

homem de figura gigantesca se apresentou ante nós... Esse homem era tão grande que nossa cabeça batia na sua cintura... As mulheres não são tão grandes quanto os homens, mas em compensação são mais gordas. Suas tetas, penduradas, têm mais de um pé de comprimento."

42. Knivet se refere, na verdade, aos portugueses.

43. "*Chele*", no original.

dos ombros. O que eu vi no Brasil era um homem de pele clara e tinha o corpo bem proporcional à sua enorme altura. Isto é tudo o que posso dizer deles, pois não conheço seus costumes, mas, segundo o que pensam os portugueses e os espanhóis, não são em nada diferentes dos comedores de homens do Brasil.

Em Port Famine o capitão-mor[44] pretendia me abandonar. Lá vive um estranho tipo de canibal, de corpo atarracado, com não mais do que cinco ou seis pés de altura, e muito musculosos.[45] Têm bocas muito grandes, que chegam quase até as orelhas. Comem carne crua: chamuscam-na rapidamente no fogo e logo a comem. Depois disso, espalham pelo rosto e pelo peito o sangue que lhes escorreu da boca para, em seguida, colocarem pequenas penas na pele, que colam no sangue como se fosse cola. Quando nos encontrávamos nesse ponto dos estreitos, vieram uns quatro ou cinco mil deles até nós. Mas, durante todo o tempo em que lá estivemos, tudo o que nos traziam eram penas e pérolas, tantas quantas quiséssemos (pois havia abundância delas em Port Famine). Esses canibais nunca nos deixavam

44. Thomas Cavendish.
45. Segundo Rogelio C. Paredes, são os índios tehuelche.

aproximar demais deles, ou tocá-los, com medo de que nós os prendêssemos. Quando nos davam alguma coisa, colocavam-na na ponta de uma lança comprida, e nós fazíamos o mesmo com eles. Lá nosso capitão-mor abandonou sete homens doentes na praia. Há neve o ano todo no topo das montanhas e é tão frio em junho e julho que nossos homens começaram a congelar. Muitos deles perderam os dedos dos pés, sendo eu um deles, pois uma noite em que meus pés ficaram úmidos perdi três dedos de um pé e quatro pontas de dedos do outro. Alguns tiveram os pés congelados, alguns o nariz, como Harris, um ourives. Henry Barrawell, que foi preso junto comigo, perdeu todo o cabelo e ficou careca durante um ano ou dois no Brasil. No entanto, apesar desse frio intenso, os nativos andam nus, exceto um ou outro que usa pele de foca ou de algum animal selvagem. Desses animais há muitos, como leopardos e leões, além de um tipo de fera maior que um cavalo, com enormes orelhas de um palmo de comprimento e cauda como a de vaca. São ótimos animais e os índios do Brasil os chamam de tapiti-guaçu[46]. Vi alguns deles na

46. No original, "*Tapetywason*", que em tupi significa "coelho grande". No entanto, Carvalho Franco acredita que Knivet teria querido escrever *tapiiruçu*, ou seja, tapir, anta.

Etiópia, no reino de Manicongo, onde os portugueses os chamam de *gombe*[47]. No interior dos estreitos, em Tobias Bay[48], encontramos muitos botes feitos de árvores que os índios dos estreitos usam para pescar. Esses índios não ousavam se aproximar de nós, mas fugiam assim que viam nossos barcos. No entanto pudemos ver que eram homens de boa estatura e pele branca. Homens e mulheres andam nus. E assim termino o relato de minha viagem pela América.

Angola é um reino independente na Etiópia, e o primeiro lugar que os portugueses começaram a ocupar. Fica na costa e, da mesma forma como está Portugal em relação à Espanha, está Angola em relação aos reinos de Loango[49] e Manicongo. Os portugueses têm uma vila em Angola, chamada Espírito Santo[50], onde acumulam muitas mercadorias. Os negros levam até lá todo tipo de coisa que a terra tem: alguns trazem presas de elefantes, outros trazem escravos negros capturados nos

47. Segundo Carvalho Franco, em dialeto angolano *gumbe* significa hipopótamo, e, em quimbundo, boi ou vaca.
48. "*Tolisbay*", no original.
49. "*Longa*", no original.
50. Não foi possível identificar, em Angola, uma cidade com o nome indicado por Knivet.

reinos vizinhos para vendê-los. Fazem isto uma vez por semana, da mesma forma como nós temos os mercados, e assim todos os negros trazem porcos, que chamam de *gula*, e galinhas, que chamam de *sange*, além de um tipo de animal que caçam na floresta e que se parece com um cão, que eles chamam de *ambroa*[51]. Eles também têm o tipo de animal que mencionei antes, chamado *gumbe*, que é maior que um cavalo. Os negros seguem leis duras e respeitam bastante o seu rei, que está sempre acompanhado dos nobres do reino. Sempre que o rei viaja, leva pelo menos duzentos arqueiros para lhe fazer a guarda, dez ou doze outros homens que vão na frente cantando e tocando flautas feitas de longos caniços, além de quatro ou cinco meninos que vão atrás servindo de pagens. Por último seguem todos os nobres. Quando há alguma discórdia entre eles, pedem licença ao rei para lutar, e o fazem em sua presença. Aproximam-se do rei e se prostram de bruços no chão, então se levantam e ajoelham-se de braços abertos, dizendo "*Moahobeque benge, benge*". O rei em seguida bate em seus ombros com uma cauda de cavalo e então eles seguem para o

51. Segundo Carvalho Franco, *ambroa* ou *cambua* significa cachorro em quimbundo.

campo de batalha, lutando com seus arcos até a morte. Se porventura há algum sobrevivente quando termina a luta, este se lança no chão da mesma forma como disse antes e, após fazer uma longa oração, toma a cauda de cavalo do ombro do rei e sacode-a em torno à cabeça do soberano, e então a coloca de volta no seu ombro, e sai em triunfo, acompanhado de todos os nobres da corte. Os mouros de Angola sabem que há um Deus, que chamam de *caripongoa,* mas também adoram o sol e a lua.

Essa região é uma campina plana de terra escura e seca e dá muito pouco milho. O que mais dá são bananas[52], que os portugueses chamam de *bayonas* e os mouros de *mahonge.* Chamam a farinha de *tumba* e o pão de *avou* e, quando se quer comprar pão deles, deve-se dizer "*Tala cuna aven tumbula gimbo*", que quer dizer "Dê-me um pouco de pão, eis o dinheiro". Seu dinheiro, chamado *gullginbo,* é a concha de um crustáceo que encontram na praia, que os portugueses levam em quantidade do Brasil para Angola.[53] Esses mouros apre-

52. No original, "*plantons*".

53. Conta frei Vicente do Salvador em sua História do Brasil: "Há no rio das Caravelas muito zimbo, dinheiro de Angola, que são uns buziozinhos mui miúdos de que levam pipas cheias, e trazem por elas navios de negros."

ciam tanto vestir-se, de vermelho, azul e amarelo que são capazes de dar um escravo por uma tira de pano de um palmo de largura. As únicas vestimentas que usam são esses panos, que eles amarram na cintura, para depois pendurarem uma pele grande de doninha na frente e outra atrás. Doninha, na língua deles, se chama *puccu*, e não há ofensa maior para um negro do que arrancar-lhe a pele que ele usa na frente, pois ele é capaz de morrer de desgosto se não puder se vingar. Os portugueses os marcam como nós marcamos carneiros, a ferro quente – que os negros chamam *crimbo*[54] –, enquanto os pobres escravos ficam todos enfileirados, um ao lado do outro, cantando "*mundele que sumbela be carey há belelelle*". Assim os coitados são enganados, pois os portugueses fazem-nos crer que aquele que não tem a marca é considerado homem sem qualquer valia no Brasil ou em Portugal. Dessa forma eles impelem os pobres mouros à servidão mais abominável sob as tintas do afeto. O reino de Angola não tem pedras e muito pouca madeira. Os mouros recobrem de terra suas casas, que não são maiores que um quarto de tamanho razoável, e têm muitos compar-

54. "Carimbo" é palavra originada do quimbundo e significa originalmente "pequena marca".

timentos, como as cabines de um navio, tão baixos que não se consegue ficar de pé neles. As camas são feitas de grandes juncos amarrados com ripas. Da casca de uma árvore fazem um tipo de tecido que brilha como veludo, mas que é mais fino, e chamam-no *molleleo*. Os elefantes se alimentam ao cair da noite e pela manhã nos baixios pantanosos que existem em abundância. Os mouros ficam espreitando de onde vieram e, assim que os elefantes começam a se alimentar, cavam grandes buracos no chão e os recobrem com galhos, e cobrem as fossas com terra. Quando tudo isto está pronto, vão até onde estão os elefantes e começam a atirar flechas neles. Quando se percebem feridos, os elefantes correm na direção do que estiver a seu alcance e, portanto, começam a perseguir os negros, até que caem nas fossas profundas, de onde não conseguem mais sair. Os negros de Angola são pretos como o azeviche. São homens de boa estatura e tomam somente uma esposa, a quem chamam *mocasha*. Esses negros escavam riscos compridos no rosto, que vão do topo da orelha até o queixo. As mulheres usam conchas nos braços e nos tornozelos. Segundo a lei deles, se um mouro deitar-se com a esposa de outro, como castigo terá suas orelhas cortadas fora. Esses mouros circuncidam seus filhos e lhes dão nomes, como nós fazemos quando batizamos os nossos. Angola pode ser tomada facilmente, pois os portugueses não têm fortalezas para defendê-la de qualquer ataque.

O rei do Congo é o rei mais poderoso de toda a Etiópia, mantendo sessenta mil soldados permanentemente prontos para lutar. Ele está em guerra contra o rei de Vangala[55] e o rei de Angola. É um rei cristão e irmão de armas do rei da Espanha. A maioria dos empregados em seu palácio é portuguesa, a quem trata muito bem. O rei tem uma natureza muito liberal: acolhe muito bem os viajantes e se deleita em ouvir sobre terras estrangeiras. Ele ficou de certa forma impressionado em ouvir que Sua Majestade[56] tenha se mantido donzela por tanto tempo e mesmo assim tenha sempre reinado em paz com seus súditos. Quando fui trazido à presença do rei, contei-lhe de meu país e de tudo o que lá tínhamos. Mas, por vezes, os portugueses se irritavam com o meu discurso e tentavam me interromper, ao que o rei se mostrava muito zangado e dizia-lhes que cada indivíduo era quem melhor poderia falar de seu próprio país e que eu não teria qualquer motivo

55. Ou "Bengala", como aparece logo abaixo, neste mesmo parágrafo. Knivet refere-se ao rei dos imbangalas, povo guerreiro, sobre quem o livro de Andrew Battell, que viveu entre eles, dá um dos primeiros testemunhos.
56. A rainha Elisabete I.

para não lhe contar a verdade. Quando lhe acompanhamos na revista a seu exército, o rei do Congo seguiu sobre um elefante com grande pompa e majestade, e em cada lado do elefante iam seis escravos, sendo dois deles reis que ele próprio tinha capturado no campo de batalha. O restante era todo de extirpe nobre, sendo que uns eram irmãos do rei de Anzica e outros eram parentes diretos do grande rei de Bengala. Ao menor sinal do rei do Congo, esses escravos nobres se prostram diante dele de bruços, no chão. Quando o rei sai, da forma como descrevi, eles o acompanham segurando um baldaquim, como se fosse um estandarte do estado sobre a sua cabeça. Seus dois secretários, um nobre espanhol e o outro um mouro, cavalgam ao seu lado. Antecedem-lhe pelo menos quinhentos arqueiros, que lhe fazem a guarda. Atrás dele segue um mouro, cujo trabalho é elogiar o rei em voz alta, louvando o grande guerreiro que ele sempre foi e a sua sabedoria em tudo o que honrosamente tem alcançado, o que lhe valeu grande fama entre todos os que o conheceram. Quando o rei do Congo visita seu exército, todos os soldados se deitam de bruços no chão, com o rosto para baixo, enquanto ele passa. Ele nunca visita seu exército depois de uma batalha sem que sagre cavaleiros ao menos vinte portugueses, e outros tantos mouros também, concedendo-lhes grandes proventos de acordo com sua posição e com os serviços que prestaram. O irmão desse rei encontrava-se na Espanha como seu embaixador, quando eu parti do Congo.

O capitão português quis levar-me de lá à força por eu ser um soldado comum, mas o rei ordenou que me deixassem ir para onde quisesse. Eu, naquele momento, tinha a intenção de ir para a terra do Preste João, já que desejava muito ver o rio Nilo e Jerusalém (pois me considerava um homem perdido e não me preocupava mais com a terra ou reino para onde iria). Mas não foi a vontade de Deus que, naquela ocasião, eu realizasse meu desejo, pois enquanto viajava pelo reino do Congo em direção ao reino de Angola tive a má sorte de cruzar com um destacamento de soldados portugueses que se dirigia a uma recente conquista do rei da Espanha, Massangano, na fronteira de Anzica. Eles então me fizeram trabalhar como um mouro, pois dia e noite eu tinha que carregar pedras e barro para construir um forte. Essa fortaleza ficava logo abaixo da linha do Equador, num vale entre quatro morros onde, embora houvesse muita umidade, não havia um só rio.[57] É a terra mais insalubre

57. Massangano, em Angola, não se localiza logo abaixo da linha do equador nem faz fronteira com o reino de Anzica, a nordeste do reino do Congo. Knivet aqui pode estar confundindo suas lembranças de Massangano com uma cidade no reino dos anzicos.

que existe. Lá os portugueses morrem como galinhas. Pode-se ver homens que pela manhã estão saudáveis e duas horas depois estão mortos. Alguns homens, caso molhem levemente as pernas, estas imediatamente incham, ficando mais grossas que a cintura,[58] enquanto outros têm convulsões com um simples gole d'água. Ah, se soubessem do calor insuportável do lugar, vocês prefeririam mil vezes morrer a viver ali uma semana! Lá se podem ver pobres soldados das tropas, ofegantes como camelos, lutando por um pouco de brisa. Passei três meses nesse lugar, mas não como os portugueses, que tomavam remédios e faziam sangrias toda semana, e ficavam dentro de casa quando chovia, tendo horários certos para sair de manhã e à tardinha, e só comendo em tal e tal hora. Eu me contentava se conseguisse algo para comer de manhã, ao meio-dia ou à noite, e agradeço a Deus por ter trabalhado o dia todo, da manhã à noite, mesmo com chuva ou calor forte. Sempre tive a saúde tão boa como na Inglaterra. Essa é uma terra muito rica, pois foram mandadas ao rei grandes pepitas de ouro vindas daqui. Na época em que eu estive lá, o rei

58. Descrição da elefantíase.

de Anzica possuía uma grande cidade em Massangano, que foi tomada e ocupada por Paulo Dias[59], governador de Angola. Quando Dias viu que havia grande quantidade de ouro bem próximo dali, fortificou a área com quatro fortes, construindo também um grande muro em torno a ela, dentro do qual os portugueses agora construíram uma cidadela. Dessa cidadela eles lutam contra o rei de Anzica todos os dias e já incendiaram boa parte de seu reino.

Os anzicos são homens de boa estatura. Enfileiram seus dentes de cima com os de baixo, mantendo uma distância entre eles como os dentes de um cachorro. Comem carne humana. São o povo mais obstinado que existe e o mais aguerrido na batalha, pois preferem matar-se a ceder aos portugueses. Vivem logo abaixo da linha do Equador e, de todos os mouros que há, esses são os mais negros. Seguem a lei dos turcos e louvam Maomé. Mantêm muitas concubinas como os turcos, lavam-se todas as manhãs e se prostram, voltados para o leste, com o rosto contra o chão. Tanto homens como

59. "*Paulas* Dias", no original. Paulo Dias de Novais foi o primeiro donatário e o primeiro capitão-governador de Angola, a principal personagem na conquista do território, fundador de Massangano.

mulheres usam os cabelos todos trançados. Têm bom estoque de farinha e um tipo de grão parecido com vícias, com o qual fazem pão. Eles têm grande quantidade de umas galinhas parecidas com avestruzes ou perus, cujas penas são crespas nas costas. Suas moradias são como as outras dos outros reinos já mencionados. E assim eu termino, tendo lhes mostrado da forma mais concisa que pude todos os povos e reinos que encontrei em minhas viagens, correndo grande perigo de vida, durante os doze anos da melhor parte da minha vida, *recebendo por todo o meu sofrimento nada além dessa viagem.*[60] Do reino de Anzica fui trazido acorrentado até a cidade de São Sebastião, no Brasil, de volta a meu senhor Salvador Correia de Sá, como já lhes contei. Agora que vocês já ouviram o relato de minhas viagens e as características de todos os povos e terras por onde passei, reproduzirei, com a ajuda de Deus, um breve discurso na língua dos potiguares, a qual todos os habitantes do Brasil entendem, sobretudo no litoral, da costa de Pernambuco até o rio da Prata. Espero que esse discurso seja muito útil a todos os viajantes, que, confio, aceitarão os meus esforços.

60. Em itálico, no original: "*Getting no more then my travel for my paine*".

Primeiro, digam-lhes de que povo são, e que vocês não vêm, como os portugueses, para escravizar suas esposas e filhos:

> Somos ingleses que, como sabem, desde os tempos passados têm vivido em paz com vocês. Como sabemos que vocês agora necessitam e desejam as mesmas coisas que seus antepassados certa vez desejaram, e pela amizade que nossos antepassados e os seus nutriam uns pelos outros, e pelo afeto e pena que sentimos de sua necessidade, vimos renovar nossos antigos laços de amizade.
>
> *Ore aqureiwa que se neering peramoia werisco catadoro warevi orenisbe beresoi. Coen pecoteve cowavere pipope pewsene baresei apacutubaie berua owerico coen pecoteve sou se. Core mandoare peramoia waisouba, ore ramoia wisonua reseij etegueva receij pecoteve paravava, ore iu ibewith ore ramoia pereri socatamoia gopacum.*

Capítulo 5

A descrição dos vários rios, portos, enseadas e ilhas do Brasil - para orientar os navegadores[1]

O rio Grande[2] foi recentemente conquistado por um português chamado Manuel Mascarenhas[3] e sua embocadura tem mais de duas léguas de diâmetro. No lado sudoeste ergue-se um grande forte[4] construído pelo dito Manuel Mascarenhas. A capitania em muitos locais é plana e arenosa, sobretudo perto da costa, mas produz cana-de-açúcar em abundância. Há muitas amplas baías no litoral, onde os índios com freqüência recolhem grande quantidade de âmbar[5]. No interior há também muita

1. Trata-se de um roteiro, tipo de texto muito comum no século XVI e de grande valor estratégico, que descrevia a topografia dos litorais, as correntes marítimas, os rios navegáveis, as estações mais adequadas para a navegação e ainda características dos povos e das mercadorias das regiões.
2. Hoje denominado rio Potengy, na cidade de Natal.
3. "*Manuell Masquarenhas*", no original. Cf. no capítulo III a conquista do Rio Grande do Norte.

madeira, pimenta, gengibre e cera. Vive nessa região um tipo de canibal chamado potiguar, que há muito mantém comércio com a França. Há entre eles muitos que sabem falar francês e são filhos bastardos de franceses.[6]

No litoral do Brasil há três rios chamados Paraíba: um fica próximo do Rio Grande, o outro é um enorme rio que atravessa o país quase desde Lima e deságua entre Cabo Frio e Espírito Santo[7] e o terceiro é um grande rio que fica entre o rio da Prata e São Vicente[8]. O rio Paraíba de que primeiro falamos corre para uma

4. A fortaleza dos Reis Magos, em Natal, RN.
5. Âmbar-gris, substância branca, amarela ou negra, de odor almiscarado e consistência de cera, formada no intestino de algumas baleias, sobretudo dos cachalotes. Mercadoria empregada do fabrico de perfumes, que alcançava um alto preço, como explica Pêro de Magalhães de Gândavo em sua *História da província Santa Cruz*: "O [âmbar] pardo é mui fino e estimado em grande preço em todas as partes do mundo ... de que alguns moradores enriqueceram e enriquecem a cada hora, como é notório."
6. Diz Fernão Cardim: "São grandes amigos dos franceses e com eles casaram suas filhas." Gabriel Soares de Sousa também escreve sobre a mestiçagem entre franceses e índias, ao tratar dos tupinambás: "Quando se iam para França com suas naus carregadas de pau de tinta, algodão e pimenta, deixavam entre os gentios alguns mancebos para aprenderem a língua e poderem servir na terra ... os quais se amancebaram na terra... e viveram como gentios com muitas mulheres, dos quais.... inçou a terra de mamelucos, que nasceram, viveram e morreram como gentios; dos quais há hoje muitos seus descendentes, que são louros, alvos e sardos, e havidos por índios tupinambás, e são mais bárbaros do que eles."
7. O Paraíba do Norte e o Paraíba do Sul, respectivamente. A nascente peruana do segundo é mais uma das peculiaridades geográficas de Knivet, para quem o interior de São Paulo era vizinho do Peru.
8. Knivet diz, em outro trecho, que esse rio foi chamado pelos portugueses de rio dos Patos e pelos índios de rio Iguaçu. De acordo com Teodoro Sampaio não seria o rio dos Patos, em Santa Catarina, mas a ribeira de Iguape, entre São Paulo e Paraná.

grande e bela baía onde mesmo as maiores embarcações podem entrar. No fundo dessa baía, no alto de um morro, vocês poderão avistar uma bela vila[9] e, perto da praia, dois pequenos fortes.[10] Podem ancorar perto da praia na entrada da baía, assim que se avistarem três morros de terra vermelha em cada lado do porto, que os portugueses chamam de Barreiras Vermelhas[11].

Goiana[12] é um pequeno rio que corre ao lado do Paraíba e é propriedade de Gaspar de Siqueira[13], que era o chefe da Justiça de todo o Brasil. Na embocadura desse rio há um enorme rochedo que está sempre coberto de aves marinhas. A embocadura tem duas braças de profundidade e, subindo um quarto de milha por ele, na margem sudoeste, pode-se encontrar água fresca e muito gado. Há inúmeros engenhos de açúcar nas margens, e vocês cruzarão com pequenas caravelas que navegam o rio pescando e transportando açúcar de lá

9. A vila que deu origem à cidade de João Pessoa.
10. O forte de São Felipe e São Tiago, que deu origem à cidade de João Pessoa. Ou a fortaleza de Santa Catarina, em Cabedelo.
11. "*Bareras Mermesbaes*", no original. Talvez esteja se referindo à ilha Areia Vermelha.
12. "*Guyana*", no original.
13. "*Jasper Desiquerd*", no original.
14. "*Etamariqua*", no original.

para Pernambuco. Além disso, há enorme quantidade de pau-brasil, pimenta, gengibre, algodão, cocos e nozes nativas. Nesse local também vivem os potiguares.

Itamaracá[14], na língua dos índios, é sino[15], uma ponta de terra à semelhança de um cabo que corre por meia milha mar adentro. Sobre essa ponta de terra firme os portugueses construíram uma vila. Lá poderão ancorar bem perto da praia, tanto a sudoeste quanto a nordeste da vila, onde a água tem sete ou oito braças de profundidade. A costa é plana até o cabo de Santo Agostinho, e o percurso de lá até Pernambuco[16] não oferece perigo. Contudo, há rochedos por toda a costa até o rio São Francisco, que estão sempre há vista. Nas marés de primavera o mar invade a terra, mais ainda se há vento leste, e então bate com muita força nos rochedos, fazendo um enorme estrondo. Por isso os índios chamam o local de "a terra do sino". Nele se encontra abundância de açúcar, além de muitos cocos.

15. No original consta *bed*. Uma anotação manuscrita no exemplar da Biblioteca Nacional do Rio de Janeiro diz *bell*, e ao fim do parágrafo Knivet escreve: "the land of bell". Itamaracá em tupi significa "pedra que canta".
16. Recife, na verdade.
17. "*Capignramiriny*", no original.

Ao norte de Pernambuco vocês verão dunas brancas e, quando tiverem passado pelas dunas mais ao sul, estarão perto de Capiberibe-Mirim[17], onde há sempre pescadores em pequenos barcos ou jangadas. De lá até Pernambuco são somente cinco ou seis milhas, de modo que, se vocês estiverem abaixo de oito graus, verão uma planície regular e descampada chamada Capituya. Em seguida, precisam prestar atenção para não navegar para o sul, pois correm o risco de encalhar numa ponta de terra chamada pelos portugueses de Olinda[18], que fica a quatro léguas do cabo de Santo Agostinho e se estende mar adentro, tanto quanto esta. Assim que tiverem dobrado essa ponta, devem tomar cuidado para não rumar direto para a vila de Olinda, que logo verão. Se o fizerem, encalharão nos bancos de areia chamados pelos portugueses de baixios de Santo Antônio, localizados cerca de quatro ou cinco milhas mar adentro. Quando estiverem perto da praia verão os navios ancorados nos rochedos que os portugueses chamam de arrecifes[19]. Esse lugar fica a uma légua de Pernambuco e é o porto

18. No original, "*Olynda*".
19. "*Arecias*", no original.

aonde chegam todas as embarcações que saem de lá. De lá até o cabo vocês poderão avistar os recifes como se fossem um muro feito de tijolos, sem que um ponto seja mais alto que outro, mas todo da mesma altura. A vila de Pernambuco localiza-se no alto de um morro e é inteiramente rodeada de trincheiras fortificadas. Na beira do mar, a cada doze vintenas de metros, há um pequeno forte ou defesa para soldados, com quatro peças de artilharia, cobrindo assim toda a costa desde os recifes onde os navios atracam perto da ponta de Olinda, que é o ponto mais ao norte da vila. De lá, a um tiro de arcabuz da praia, corre um rio para o interior que passa logo atrás da vila, vindo do sul na direção oeste-leste, o que torna a vila quase uma ilha,[20] exceto por um pequeno trecho ao norte, que é ligado ao continente.

O cabo de Santo Agostinho é uma ponta de terra que avança pelo mar adentro por duas ou três milhas. Do mar vocês verão três morros, chamados pelos potiguares de Aquare Wason Remitum. Vocês os acharão parecidos com as corcovas de um camelo e é aí que se

20. O rio Capibaribe vem do sul e une-se ao Beberibe, que passa pelo norte da cidade de Recife.

torna fácil reconhecê-los, pois verão uma igreja[21] que os portugueses construíram e, meia milha ao sul, verão a ilha de Santo Aleixo.

A ilha de Santo Aleixo é comprida e estreita. Fica a aproximadamente uma légua da praia e se estende na direção nordeste-sudoeste. Vocês poderão ancorar entre a praia e a ilha com qualquer tempo, pois ela tem ótimas enseadas com profundidade de dez ou doze braças. Além disso, poderão conseguir madeira e água fresca na ilha.

Porto Calvo[22] fica ao sul da ilha de Santo Aleixo e é uma planície. Não precisam temer as pedras à entrada, pois bem próximo a elas a profundidade é de quatorze braças. Encontrarão aí grande quantidade de gado e açúcar. Essa região é toda plana e baixa e toda plantada de cana-de-açúcar. Vocês facilmente reconhecerão este porto desde o sul da ilha de Santo Aleixo, pois quando a maré baixar, podem ver uma bela baía e a praia de terra preta fica visível quase até o cabo.

Oito léguas ao sul de Porto Calvo fica o rio das Pedras. Ao sul dele vocês verão três morros altos e ver-

21. A igreja de Nossa Senhora de Nazaré.
22. "*Porto Docalno*", no original.

melhos debruçados sobre o rio Camaragibe[23], que fica a uma légua daquele. Do mar, avistarão uma grande baía que se estende para o interior e muitas grandes pedras logo na entrada. Para penetrar nessa baía, vocês precisarão se aproximar da praia pelo lado sudoeste e, uma vez na baía, devem rumar totalmente para oeste. Assim chegarão a um rio que corre para o interior por pelo menos umas vinte léguas. Na embocadura desse rio moram seis ou sete portugueses que criam gado para João Pais[24], mas que não oferecerão resistência. Vocês poderão fazer aguada à vontade e nessas casas da entrada do rio poderão sempre conseguir bom estoque de farinha de mandioca. Se estiverem armados o suficiente para ousarem seguir dez ou doze milhas rio acima, poderão conseguir boa quantidade de açúcar, pois lá há três ou quatro engenhos de açúcar isolados, além de um outro na beira do rio. Também há boa

23. "*Camaryiuna*", no original.

24. No original, "*John Pays*". Um dos principais donos de engenho de Pernambuco, que dará origem à dinastia açucareira Pais Barreto. Thomas Turner, em *Relations of Master Thomas Turner Who Lived the Best Part of Two Years in Brasil*, também se refere ao senhor de engenho: "Mil deles [escravos] pertenciam a um homem, de quem se diz ter dez mil escravos e dezoito engenhos, seu nome é João de Pais, degredado de Portugal, e aqui prosperando até alcançar essa inacreditável riqueza."

quantidade de pau-brasil, pimenta, algodão e muitas outras mercadorias.

Camaragibe (como já disse) fica uma légua ao sul do rio das Pedras. Para reconhecê-lo, vocês devem procurar por três morros de terra vermelha, chamados pelos portugueses de Barreiras Vermelhas[25]. É um lugar desabitado e sua embocadura é estreita e tem somente cerca de cinco pés de profundidade. No entanto, vocês poderão ancorar na baía que fica próxima ao rio e enviar seu bote em segurança para buscar água fresca e pescar com redes, pois lá se acham grandes quantidades de peixes de toda espécie.

O rio de Santo Antonio fica a sete léguas de Camaragibe. É um rio bem grande que corre umas cinqüenta léguas para o interior e tem quatro braças de água na entrada, mas esta é tão estreita que nenhum navio consegue passar. É um ótimo local se, havendo sal, estiverem necessitados de provisões, pois lá encontrarão muita quantidade de todo tipo de peixe, especialmente um chamado pelos índios de *varana*[26], que é grande como

25. No original "*Bareos Vermelhos*".
26. O peixe-boi, ou manati.

um boi. Uma vez entrando nesse rio, verão terras altas dos dois lados mas devem ter cuidado e manter a vigilância, pois rio acima vive um tipo de gente chamada carajás[27]. Se os virem desarmados os atacarão, mas se virem que vocês podem se defender, trarão aquilo que puderem comerciar.

O porto dos Franceses, chamado pelos índios de Aiurema Piasane, fica duas léguas ao sul do rio Santo Antonio. É uma pequena baía que pode ser reconhecida por um morro alto que se debruça sobre ela e é recoberto de árvores de pau-brasil. Para entrar nesse porto, vocês devem localizar os penhascos e, quando estiverem ao norte de todos menos de um, podem se aproximar da praia em segurança até a distância de um tiro de pedra. Quando tiverem desembarcado, se quiserem água fresca, devem procurar no lado sul do morro e encontrarão um rio que corre do morro para uma grande cisterna de pedra, escavada na rocha. Não há como confundir esse lugar se o estiverem procurando, pois em todo o trajeto verão pequenas pedras com nomes de homens escritos nelas.

Esse rio na nossa língua é chamado rio dos Crocodilos, pois nele há muitos daqueles que os índios chamam

27. "*Carayas*" no original.

jacarés[28]. É estreito e na entrada ergue-se um rochedo branco. Para entrar vocês devem prestar atenção e seguir pelo lado norte desse rochedo, onde encontrarão nove ou dez pés de profundidade. Depois que já estiverem navegando nele, chegarão a uma grande baía, e no lado nordeste dela encontrarão um pequeno rio onde podem apanhar água fresca. No entanto, façam com que todos os homens tomem cuidado ao entrar na água, pois os crocodilos ficam escondidos nas margens e matam tudo o que cai na água. Aqui não se consegue nada, a não ser que queiram pescar crocodilos para apanhar suas bolsas de almíscar. Não é preciso temer os habitantes, exceto se forem avistados por algum viajante a caminho de Pernambuco.

Alagoa[29] é um rio muito bonito que fica quatro léguas ao norte do rio de São Miguel, e três léguas ao sul do já mencionado rio dos Crocodilos. Em cada uma de suas margens verão um morro alto, ambos chamados pelos portugueses de Os Caivas[30]. A entrada tem ape-

28. "*Jaquares*", no original.
29. "*Alaqua*", no original. Provavelmente Knivet refere-se às lagoas da atual cidade de Maceió.
30. Carvalho Franco indica que essa denominação pode ser lida como Bocaina.

nas sete ou oito pés de profundidade e não há pedras no fundo, mas depois que o penetrarem encontrarão muitos bancos de areia onde podem pescar bastante peixe. Podem estar certos de sempre encontrar caravelas pescando nesse local, e na entrada é possível fazer aguada em ambas as margens.

Em frente ao rio de São Miguel encontrarão recifes parecidos com os de Pernambuco. Devem então entrar pela ponta dos recifes, bem perto da costa pelo lado sudoeste. Procurem por um recife pequeno que fica entre a embocadura do rio e a costa. Enquanto mantiverem esse recife entre vocês e a costa, e se mantiverem entre ele e os grandes rochedos, podem passar com três braças de profundidade. No entanto, tomem cuidado ao entrar para não navegar na direção nordeste, a despeito do tamanho da baía, pois acabarão encalhando em grandes bancos de areia. Portanto, mantenham-se a oeste ainda a um tiro de pedra da margem e assim certamente entrarão no canal. Devem continuar esse curso até avistarem uma casa que aparecerá assim que dobrarem uma ponta logo ao sul. Então o melhor é ancorarem, pois se seguirem adiante correrão perigo, a não ser que conheçam muito bem o canal. Nesse local mora um português chamado João da Rocha[31] e, subindo um rio que verão penetrando o interior, moram muitos portugueses e há até uma igreja com padres para rezar missa. Lá encontrarão boa quantidade de gado, se precisarem, e pau-brasil, farinha de mandioca, além de boa quantidade de ostras nesse rio, dentro das quais encontrarão muitas pérolas enormes. Há também muito óleo balsâmico e árvores de almécega[32], que é uma madeira muito rica e valiosa, excelente para tratar de machucados e feridas antigas. Há também grande quantidade de tabaco. Esse lugar fica a oito léguas do rio dos Sapos, onde batemos contra as rochas por não saber onde estávamos,[33] pois é um porto especialmente bom de se entrar, desde que o navegador saiba passar entre as rochas chamadas os baixios de d. Rodrigo.[34]

Já que os índios caçam por lá muitos sapos, chamam esse lugar de Coruripe[35], ou seja, rio ou água dos sapos. Estou lhes dando o nome na língua dos índios pois os

31. "*John de Rocho*", no original.
32. "*All Nesico*", no original. A almecegueira exsuda uma resina com propriedades medicinais.
33. Episódio narrado no capítulo III.
34. "*Os Bayos de Don Rodrigo*", no original.
35. "*Cororoen*", no original.

encontrarão em todo lugar e assim poderão compreender quando lhes disserem onde estão. Uma vez que estejam a dez graus e meio ao sul da linha equinocial, verão cinco morros. Três deles, que ficam no lado norte desse lugar de que falo agora, são altos e redondos, e os outros dois, que ficam no lado sul não muito distantes um do outro, são compridos e mais baixos que os outros. Se precisarem atracar, verão muitas rochas pequenas e uma grande baía, que é o lugar de que falo. Logo antes da baía verão dois grandes rochedos. Para alcançar esse porto deverão passar entre essas pedras chamadas baixios de d. Rodrigo. Quando tiverem entrado, podem ancorar bem junto delas até encontrar o canal, que estará a nordeste. Poderão conseguir água fresca rio acima, mas será difícil de encontrá-la. Portanto, o melhor é seguir por um quarto de milha ao longo da costa até avistarem um belo rio onde poderão pegar quanta água quiserem e pescar em grande quantidade. Foi nesse local que, vindos do Rio de Janeiro, fomos lançados contra as pedras durante a noite por carecermos de um piloto que conhecesse a costa.

Não irei registrar os locais dali até Cabo Frio pois só os conheço pelo relato de outros viajantes. Deixo portanto a eles essa tarefa, pois não escreverei nada além do que vi e posso provar quando for necessário. Assim, terminarei mostrando tudo o que vi na costa ao norte[36] de Cabo Frio, que na nossa língua é Cape Cold.

Cabo Frio é uma ponta de terra que se estende mar adentro pelo menos umas doze milhas e fica a vinte e dois graus. Verão uma grande montanha que encima o cabo, chamada Abausango Retambuera. Lá podem ancorar no lado leste desse cabo em uma enseada chamada baía Formosa[37], onde encontrarão grande quantidade de pau-brasil e, muitas vezes, bastante âmbar cinzento. No lado norte dessa baía vocês verão um grande rio chamado Uparaçu[38], onde poderão pescar vários tipos de peixe em quantidade, além de muito coral na embocadura, se o procurarem.

Saquarema é um rio onde os franceses comerciavam com os canibais chamados tamoios e que corre quatro léguas ao sul do cabo. A embocadura é estreita, mas vocês terão doze pés de profundidade por umas três ou quatro léguas rio acima. Encontrarão água fresca em ambas as margens e uma grande quantidade de pau-brasil em toda a extensão do rio. No lado sul desse rio

36. Knivet na verdade descreve a costa ao sul de Cabo Frio.
37. "*Abayia Formozo*", no original.
38. No original, "*uparasou*".

poderão ver um enorme morro que os índios chamam de Boipeva[39], ou seja, "a baleia podre", pois o topo parece com uma baleia morta. Se quiserem se abastecer, terão aí boa quantidade de raízes de batata, bananas, limões, laranjas e muitas outras raízes boas de comer, do tamanho de grandes nabos, que os índios chamam caraguaçu[40].

Itaoca fica a uma légua ao sul do rio Saquarema. Como já disse na descrição de minha viagem, é um grande rochedo, oco por dentro, onde os índios dizem que rezou para eles o servo de Deus, que eles chamam de *Topanuayapera*[41]. Em frente a esse rochedo, na direção do mar, jaz uma outra pedra plana que de certa forma se projeta na água e sobre a qual se podem ver pegadas de pés descalços.[42] Nesse local, se pescarem com linhas, vocês rapidamente encherão seu navio de peixes. Um pouco atrás dessa casa de pedra verão um aprazível rio de água doce, onde há muitas pedras verdes bonitas que

39. "*Boypeua*", no original.
40. No original, "*caranasou*". Espécie de cará.
41. Segundo Carvalho Franco, Tupãboiera: "forma plural de Tupã-boi, o santo, o servo de Deus, segundo Teodoro Sampaio". Em outro trecho, ao se referir a Itaoca, escreve Knivet: "Os índios dizem que são Tomé ali pregou aos antepassados deles."
42. Segundo Knivet, pegadas de são Tomé.

os índios costumam usar nos lábios. Podem ancorar a um tiro de mosquete da praia, mas é muito perigoso se o vento soprar de leste.

Piratininga[43] fica cinco léguas ao sul de Itaoca. Logo em frente fica uma pequena ilha que é habitada por portugueses. Trata-se de uma baía que corre uma milha ou mais para o interior entre duas montanhas. Lá vi uma sereia[44] e muitos outros peixes estranhos. Vocês podem ancorar com seus navios na ilha e mandar seus botes até a praia, onde encontrarão bastante gado e poderão conseguir um bom estoque de todo tipo de peixe que quiserem, com anzol ou rede. Lá também encontrarão laranjas, limões, farinha de mandioca e tudo aquilo que a terra dá. Mas fiquem sempre de guarda para evitar os portugueses do Rio de Janeiro, que estarão bem ao seu lado.

O Rio de Janeiro fica a três léguas de Piratininga e é um grande braço de mar que corre para o interior por pelo menos quatorze milhas. Na embocadura ficam

43. "*Pirateninga*", no original.
44. É interessante observar que os peixes-boi, pelo fato de fazerem vocalizações e pela sua silhueta, costumavam ser identificados como sereias. Também era comum, nos relatos de viajantes do século XVI, a referência aos homens-marinhos, os uipupiaras.

quatro ilhas e a melhor sinalização que pode haver é um forte que fica no lado norte da entrada da barra, sobre um rochedo.[45] No lado sul há um morro que se projeta no mar a que os portugueses chamam de Camo,[46] ou seja, o topo de um navio, pois se assemelha à vela mestra superior de um navio quando é visto do mar. Bem junto à beira do mar, no sopé desse morro, ao norte dele, fica um rochedo altíssimo que se parece com um pão de açúcar[47] e é assim chamado pelos portugueses. Na metade da entrada nesse rio há um rochedo completamente exposto. Para entrar é preciso manter-se entre essa rocha e o forte que estará ao norte. Quando tiverem passado pela embocadura do rio e pelo forte, verão uma ilha logo à sua frente com uma igreja chamada Santa Lúcia.[48] Essa ilha se chama ilha de Villegagnon[49]. Assegurem-se de passar por essa ilha pelo lado norte, e assim que o tiverem feito verão toda a cidade, tanto no morro quanto à

45. Forte de Santa Cruz.
46. Provavelmente, "cão", referindo-se ao morro Cara de Cão.
47. No original, "*sugar-loafe*".
48. Igreja de Santa Luzia.
49. "*Ilha de Brigalion*", no original. Onde Nicolau Durand de Villegagnon pretendeu fundar a França Antártica, projeto desbaratado por Mem de Sá, que expulsou os franceses do Rio de Janeiro em 1567.

beira-mar. Nesse ponto devem tomar cuidado para não seguirem direto para a vila, pois baterão contra certos bancos de areia que se estendem por toda a frente da vila até uma pequena ilha chamada São Bento[50]. Esta fica a um quarto de milha da ilha de Villegaignon e a leste dela há uma grande rocha, de modo que deverão navegar entre a rocha e a ilha de São Bento e assim que o tiverem feito podem ancorar perto dela. Logo verão uma igreja no topo de um morro chamada São Bento[51] e então não receiem seguir diretamente para a vila. Verão a nordeste na costa, à distância de um tiro de arcabuz da vila, uma aldeia de canibais chamada São Lourenço[52], que vive em paz com os portugueses. No fundo da baía encontrarão também muitos rios e engenhos de açúcar, onde se pode obter muito lucro.

O rio Guaratiba fica a três léguas do Rio de Janeiro. Poderão reconhecê-lo por duas ilhas que ficam logo em frente à sua embocadura. Lá há também um morro

50. "*Saint Bent*", no original. A ilha das Cobras, que inicialmente pertenceu aos beneditinos.
51. O morro de São Bento, onde se instalaram os beneditinos.
52. "*Saint Lorenzo*", no original. Segundo Carvalho Franco, citando Vieira Fazenda, trata-se de uma aldeia indígena fundada por Araribóia, na época da expulsão dos franceses.

alto que é mais baixo tanto no lado sudoeste quanto no nordeste. Vocês não poderão penetrar nesse local com qualquer navio, portanto o melhor é ancorar perto das ilhas e mandar seus botes até a praia. Se subirem o rio, encontrarão boa quantidade de raízes de batata, bananas, muitas laranjas e limões e muitos outros tipos de frutas, que são excelentes para curar os doentes. Se pescarem com rede, conseguirão muitos peixes bons. Mas estejam sempre vigilantes, pois os portugueses lhes estarão bem próximos.

Por umas quatro léguas passando o rio Guaratiba a costa é toda plana e arenosa. Verão um morro alto que os índios chamam Marambaiapuã[53], que na nossa língua quer dizer "o fim da guerra". Assim que passarem desse ponto, verão uma grande ilha na entrada desse porto, mas não devem temer, pois bem perto da praia a profundidade é de vinte braças. Quando estiverem logo à entrada do porto, verão um rochedo branco que ficará justo a oeste de vocês. Devem deixar a ilha rumando para o sul e então vislumbrarão uma outra ilha bem grande chamada Gipóia[54]. Num extremo dela,

53. "*Marambayapuam*", no original.
54. "*Epeoya*", no original.

que fica totalmente a oeste voltado para a terra firme, verão duas ilhotas. Quando estiverem bem próximos delas avistarão uma bela baía, onde poderão ancorar à vontade, mas para entrar nela vocês deverão passar entre as duas ilhas de que falei. Descrevo-lhes essa enseada, entre tantos outros bons portos que ali se encontram, porque dali podem partir com qualquer vento, já que a boca da Marambaia fica a sudeste, quando ali estiverem. Além disto, há também uma outra saída que fica a nordeste desse porto onde devem ancorar chamado Gipóia. Se precisarem de mantimento para os navios, podem sair com seu bote ou pinaça e passar pelo meio das duas ilhas por onde entraram. De lá verão uma ilha plana e larga que estará bem a sudoeste de vocês. Essa ilha se chama Sapeaguera[55], que significa "a manhã", e foi justo lá onde fui parar quando tentei fugir com o capitão Hawkins[56], como já lhes contei no relato de minhas tribulações. Devem ir com seu bote até essa ilha prestando atenção para passar entre a costa oeste e a ilha. Assim

55. "*Sapeawera*", no original.

56. Richard Hawkins. Como conta no capítulo II, Knivet pretendia fugir com a frota de Hawkins, mas não conseguiu alcançar os navios.

que tiverem contornado a ponta dessa ilha verão três morros de barro vermelho enfileirados. Certifiquem-se de que um deles esteja a oeste de vocês e poderão desembarcar seus homens à vontade. Quando estiverem em terra, sigam por uma pequena trilha pela distância de um tiro de arcabuz até chegar a uma bela campina onde há grande quantidade de gado e uma ou duas casas que ficam no alto de um morro onde há sempre bastante farinha de mandioca. Se quiserem, conseguirão muitas raízes e bananas na ilha onde ancorarem, mas há uma ilha chamada Comprida[57] onde terão tudo isto em abundância. Para localizarem essa ilha, remem o bote até a ilha da Gipóia, que estará logo ao sul de seu navio, e então verão uma ilha comprida bem próxima à terra firme. É dela que falamos, mas fiquem atentos para não deixá-la passar. Quando chegarem perto da praia, procurem por uma rocha que fica a um quarto de milha da beira do mar e sobre a qual fica uma cruz. Esse é o local onde morava um português chamado Manuel Antunes[58], mas onde agora já não há ninguém, exceto

57. "*Long Island*", no original.
58. "*Manuell Antones*", no original.

uma tribo de canibais que às vezes está lá e outras, não. Portanto, quando estiverem por lá, prestem sempre atenção e tomem cuidado. Se puderem falar a língua deles, conseguirão muitas coisas. Dessa ilha para o sul encontrarão duas ilhotas a meia légua, que se chamam Mambucaba[59]. Logo em frente a elas há um bonito rio onde sempre se acha bastante peixe e em cujas margens vocês verão muita mandioca e várias outras raízes ótimas para revigorar os homens. Umas duas léguas ao sul desse local encontrarão uma bonita baía chamada Paraty, onde vivem canibais chamados guaianases. Deles poderão comprar peles de vários animais selvagens, e às vezes eles possuem bons estoques de âmbar, que chamam *piraponia ergaty*.

São Sebastião fica a três léguas da Ilha Grande. É uma ilha comprida e agradável, e vocês podem ancorar entre ela e a terra firme. Depois que tiverem passado a ponta norte dessa ilha, verão um grande rochedo branco e logo atrás dele uma ponta da terra firme que avança pelo mar. Logo antes dessa ponta ficam três rochas onde freqüentemente se vêem índios pescando

59. "*Amambuquano*", no original.

com seus arcos e flechas. Se seguirem com seu bote até essa ponta, avistarão uma enorme baía chamada pelos índios de Juqueriquerê[60], onde fica uma grande aldeia de canibais, dos mesmos que vivem na Ilha Grande. A meia légua de São Sebastião há uma pequena ilha no meio do mar chamada pelos índios de Uraritã e pelos portugueses de Alcatrazes.[61] Nela encontrarão uma enorme quantidade de aves marinhas e focas, além de crocodilos que vivem na terra, chamados pelos índios de tejuguaçu[62]. Logo além da ponta sul da ilha de São Sebastião fica um grande rochedo branco chamado pelos portugueses de Pai do Milho[63], ou seja, "a vida do milho". Dali verão uma ilha bem próxima da praia chamada pelos índios de Boiçucanga[64], que significa "cabeça de baleia". Essa ilha fica na boca de Bertioga[65], que é o rio que vai para São Vicente. No caminho para lá, depois de terem passado pela ilha, poderão ver a

60. "*Jequerequere*", no original. Segundo Knivet descreve em outro trecho, essa baía fica bem em frente à ilha de São Sebastião.
61. "*Uraritan*" e "*Alquatrasses*", no original.
62. "*Fisewasou*", no original.
63. "*Paidemilio*", no original. Possivelmente a ilha Montão de Trigo.
64. No original, "*Boysouconga*".
65. "*Pertioqua*", no original.

nordeste de vocês algumas cabanas onde vive um tipo de canibal chamado carijós. Encontrarão aí bastante gado, laranjas, limões e muitos tipos de raízes e frutas.

Bem perto dessa aldeia de carijós fica a vila de São Vicente, chamada pelos índios de Guarapinumã[66]. Ao navegarem rio acima verão uma pequena ilha na direção sul onde há um engenho do capitão de Santos, chamado Jerônimo Leitão[67], onde nossos fidalgos foram assassinados.[68] Mais acima verão um castelo que fica no sopé de um morro e terão chegado à vila de Santos, que fica na beira do mar. Logo atrás da vila de Santos há um morro onde Brás Cubas[69] tinha uma casa e em cujo topo John Davis[70] fez um desenho da região. Os portugueses acabaram de encontrar minas de prata nesse local.

O terceiro rio Paraíba[71] é um bom ancoradouro para navios. Nesse local vive um número enorme de canibais chamados carijós, que muito recentemente se aliaram

66. "*Warapiumama*", no original.
67. "*Jerônimo Letou*", no original.
68. Episódio narrado no Capítulo I.
69. "*Brascubas*", no original. Brás Cubas foi duas vezes capitão-mor da capitania de São Vicente e é uma das figuras de mais relevo de sua época.
70. O capitão da nau *Desire*, da frota de Cavendish.
71. Segundo Teodoro Sampaio seria a ribeira de Iguape, que se localiza parte no atual estado de São Paulo e parte no Paraná.

aos portugueses. Poderão comprar deles muita pimenta e gengibre, peles de ótima qualidade, lã de algodão e cera. Foi esse o lugar para onde fui depois de ter sido aprisionado pelos tamoios no interior. Foi lá que os tamoios foram capturados pelos portugueses e eu fui entregue de volta a meu senhor para ser seu escravo. Na ocasião dez mil tamoios foram mortos e vinte mil divididos entre os portugueses para serem seus escravos.[72]

A boca do rio da Prata é larga e nela há muitos bancos de areia na passagem, por isto devem manter-se sempre muito próximos da margem norte, até avistarem uma montanha alta cujo topo é branco. Só então sigam na direção sul por quatro léguas pelo menos e verão um outro pequeno morro no lado norte. Navegando rente a ele chegarão numa bela baía onde devem assegurar-se de navegar junto à margem. Quando tiverem passado a ponta oeste desta baía, chegarão ao rio Maroer.[73] Então não precisam recear os bancos de areia até chegarem à vila de Buenos Aires[74]. Lá o rio corre totalmente para o sul, e na margem, depois de Buenos Aires, há uma

72. Episódio narrado no Capítulo III.

73. Segundo Rogelio C. Paredes, pode tratar-se do rio Uruguay.

74. "*Bonos Ayres*", no original.

pequena cidadela construída pelos espanhóis com cal e pedra trazidos do Brasil, pois a região é toda arenosa. Os índios fazem suas cabanas cobertas de barro. Lá há enorme quantidade de cavalos selvagens e gado, carneiros e bodes, mas quanto a prata e ouro, há somente o que vem de Córdova[75] e Potosí. Os índios de lá também possuem enormes reservas de trigo. Vinte léguas para o interior fica uma província chamada Tucumã, que agora é um bispado. Essa região é a fronteira entre o Brasil e todas as províncias de Nova Hispânia. Lá os índios têm trigo e mandioca, maçãs, pêras, nozes e todas as outras frutas da Espanha e também todas as do Brasil. Porém, quando viajarem mais ao sul dessa região não encontrarão nada do que há no Brasil, tampouco animais selvagens, como leopardos ou capivaras, jaguatiricas[76], gatos da montanha, aquiquis, guaribas, muriquinas, jibóias, surucucus, jararacas, boiaevas, boiciningas e boipevas.[77] O Brasil é cheio desses animais selvagens e perigosos, e muitos outros. Mas as províncias do Peru são livres deles, com poucas exceções. De Tucumã a

75. "*Cordina*", no original.
76. "*Jawasenings*", no original.
77. No original, "*aqueques, warinas, morquies, joboyas, surucuons, jararcas, boyaena, boyseninga, boypeva*".

Santiago[78] são oitenta léguas, as quais vocês devem viajar como no mar, usando a bússola, pois a região é toda de areais e, quando o vento sopra, surgem dunas, que hoje se formam de um lado, amanhã de outro.[79] Nesse trajeto atravessarão muitos rios que darão a impressão de não ter mais que um pé de profundidade, mas se não tiverem bons guias e ótima experiência, suas carroças e cavalos afundarão rapidamente e num instante estarão todos cobertos de areia movediça. Passada essa região, chegarão a Santiago e, de lá até Potosí, terão que atravessar montanhas altíssimas e vales, e por todo o caminho encontrarão grandes aldeias de índios que vivem em paz com os espanhóis. Pelo caminho, enquanto viajarem, poderão encontrar uns quinhentos desses índios, prontos para levá-los de cidade em cidade em redes amarradas em paus, em troca de um anzol ou algumas contas de vidro, ou qualquer bugiganga dessas. Não há

78. "*Saint Iago*", no original.

79. A partir daqui descreve lugares em que não esteve. No meio deste capítulo, Knivet afirma que só narrará sobre lugares em que esteve. Esta é a única exceção. Esse percurso, que termina em Potosí, representa a viagem que Knivet mais ardentemente queria ter feito, e que se julgou perto de fazer em algumas ocasiões, e sua descrição deve ter sido construída a partir de relatos de seus contemporâneos. Potosí encarna, no imaginário de Knivet, o eldorado, que nunca conseguiu atingir. E é com essa imagem que termina o seu relato.

viagem mais tranqüila do que essa, pois vocês podem ir deitados, ou sentados ou ainda tocar uma viola pelo caminho todo se quiserem, como fazem os espanhóis. Passarão por muitas minas de ouro e podem negociar com os índios ouro e vários tipos de pedras preciosas, mas sem a mesma fartura que há em Potosí, pois lá as minas estão abertas e sendo exploradas,[80] e as que ficam entre Santiago e Potosí não. Em Potosí não falta nada, embora a região propriamente seja bastante árida mas, por causa do intenso comércio com Lima e todas as cidades do mar do Sul, sempre há provisões suficientes vindas desses lugares, de onde trazem azeite e vinho em grandes potes de barro no lombo de carneiros enormes, que são chamados de carneiros de cinco quartos,[81] pois suas caudas têm quase um quarto de comprimento. Contar os detalhes das minas já seria outra história, mas contarei só isto: eles encontram o minério na forma de chumbo escuro, então o trituram com máquinas e o lavam com peneiras finas em cisternas recobertas feitas com esse propósito. Os negros ficam inteiramente nus

80. Ao contrário do que diz Knivet, não era permitida a circulação de estrangeiros em Potosí.

81. Provavelmente lhamas e alpacas.

enquanto trabalham, para que não escondam nenhuma pedra preciosa. Os espanhóis são todos muito ricos, e, para dizer a verdade, muito galantes. Os padres franciscanos têm muita influência nessa região, pois foram os primeiros a pregar nessa parte da Índia.

BIBLIOGRAFIA

Fonte:

KNIVET, Anthony. *The Admirable Adventures and Strange Fortunes of Master Antonie Knivet, Which Went with Master Thomas Candish in His Second Voyage to the South Sea, 1591*, in Samuel Purchas, *Hakluytus Posthumus or Purchas His Pilgrimes in Five Bookes*. Livro IV. Londres, impresso por William Stansby para Henrie Fetherstone, 1625.

Outras edições:

KNIVET, Anthony. *Aanmerkelyke reys [...] van Anthony Knivet, gedaan uyt Engelland na de Zuyd-Zee, met Thomas Candish, anno 1591 en de volgende jaren*. Leiden, P. Vander Aa, 1706.

________. *The Admirable Adventures abd Stragne Fortunes of Master Antonie Knivet, Wich Went with Master Thomas Candish in His Second Voyage to the South Sea, 1591*, in Samuel Purchas, *Purchas His Pilgrimes*. Glasgow, Hakluyt Society, 1905-1907, 20 vols., vol.XVI (reimpressão da edição de 1625).

________. "Narração da viagem, que nos annos de 1591 e seguintes, fez Antonio Knivet da Inglaterra ao Mar do Sul, em companhia de Thomas Cavendish.", *Revista Trimensal do Instituto Histórico Geographico e Ethnographico do Brasil*, tomo XLI, Parte Primeira. Rio de Janeiro, 1878 (tradução do holandês).

________. *Vária fortuna e estranhos fados de Anthony Knivet, que foi com Tomás Cavendish, em sua segunda viagem, para o Mar do Sul, no ano de 1591*. Tradução do original inglês por Guiomar de Carvalho Franco; anotações e referências de Francisco de Assis Carvalho Franco. São Paulo, Brasiliense, 1947.

________. *Un aventurier anglais au Brésil. Les tribulations d'Anthony Knivet, 1591*. Introdução, tradução e notas de Ilda Mendes dos Santos. Paris, Chandeigne, 2003.

________. *Viaje por el Atlántico en el siglo XVI*. Tradução, introdução e notas por Rogelio Claudio Paredes. Buenos Aires, Universidad de Buenos Aires/Facultad de Filosofía y Letras, 1995.

Bibliografia geral:

AGUILAR, Antonio Ponce. *De Cueva Pintada a la modernidad: historia de Baja Califórnia*. Biblioteca Loyola, 2002. Disponível em: http://consag.tij.uia.mx/ebooks/cueva_pintada.shtml

ARMITAGE, David. *The Ideological Origins of the Bristish Empire*. Cambridge, Cambridge University Press, 2000.

BUEL, J.W. *Heroes of Unknown Seas and Savage Lands*. Filadélfia, Historical Publishing Company, 1891. Disponível em: http://preprints.readingroo.ms/buel/Buel_HeroesUnknownSeasSavageLands/

BURKE, Peter. "America and the rewriting of the world history", in Karen Ordahl Kupperman (org.). *America in European Consciousness, 1493-1750*. Chapel Hill, The University of North Carolina Press, 1995.

CALMON, Pedro. "Brasil. Defesa da unidade nacional contra a fixação estrangeira. Século XVI", in A. Baião et al. (orgs.). *História da expansão portuguesa no mundo*. Lisboa, Ática, 1940, vol.III.

CARDIM, Fernão. *Tratados da terra e da gente do Brasil*. Transcrição do texto, introdução e notas por Ana Maria de Azevedo. Lisboa, CNCDP, 2000.

CARNEIRO, Celso dal Ré. "As cavas de ouro históricas do Jaraguá, SP. Os primórdios da mineração no Brasil". *Sítios geológicos e paleontológicos do Brasil*. Disponível em: http://www.unb.br/ig/sigep/sitio098/sitio098.htm

CAVENDISH, Thomas. *Master Thomas Candish His Discourse of His Fatall and Disastrous Voyage Towards the South Sea, with His Many Disaventures in the Magellan Straits and Other Places; Writeen with His Own Hand to Sir Tristam Gorges His Executor*, in Samuel Purchas, *Hakluytus Posthumus or Purchas His Pilgrimes in Five Bookes*. Livro IV. Londres, Impresso por William Stansby para Henrie Fetherstone, 1625.

COARACY, Vivaldo. *O Rio de Janeiro no século XVII*. Rio de Janeiro, Livraria José Olympio Editora, 1965.

CUNHA, Manuela Carneiro da (org.). *História dos índios no Brasil*. São Paulo, Companhia das Letras, 2002.

EDWARDS, Philip. *Last Voyages. Cavendish, Hudson, Ralegh*. Introdução e edição de Philip Edwards. Oxford, Clarendon Press, 1988.

FENTON, Edward. *The Troublesome Voyage of Captain Edward Fenton, 1582-1583*. Narrativas e documentos editados por E.G.R. Taylor. Cambridge, Hakluyt Society, 1959.

GÂNDAVO, Pero de Magalhães de. *Tratado da terra do Brasil. Belo Horizonte/São Paulo, Editora Itatiaia/Edusp, 1980.*

________. *A primeira história do Brasil*. Texto modernizado e notas de Sheila Moura Hue e Ronaldo Menegaz. Rio de Janeiro, Jorge Zahar, 2004.

GÓIS, *Damião de. Descrição da cidade de Lisboa.* Tradução do texto latino, introdução e notas de José da Felicidade Alves. Lisboa, Livros Horizonte, *2001.*

GOODRICH, Frank B. *Man upon the Sea.* Filadélfia, J.B. Lippincott, 1858.

HAKLUYT, Richard. *The Principall Navigations, Voyages, Traffiques and Discoveries of the English Nation.* Londres, George Bishop e Ralph Newberie, 1589.

HAWKINS, Richard. *The Observations of Sir Richard Hawkins, Knight, in His Voyage into the South Sea. An. Dom. 1593,* in Samuel Purchas, *Hakluytus Posthumus or Purchas His Pilgrimes in Five Bookes.* Livro IV. Londres, Impresso por William Stansby para Henrie Fetherstone, 1625.

HEMMING, John. *Red Gold. The Conquest of the Brazilian Indians. 1500-1760.* Cambridge, Massachusetts, Harvard University Press, 1978.

HITCHCOCK, R.F."Samuel Purchas as editor: a case study: Anthony Knyvett's journal", *The Modern Language Review,* vol.99, n.2, p.301-12. Londres, 1 abr 2004.

________. "Prisioner of the Sás: the Brazil and Portugal years of Anthony Knyvett of Westminster's journal, 1593-1601.", *Portuguese Studies King's Collegevol.12,* p.40-54. Londres.

HOLANDA, S. Buarque de e Olga PANTALEÃO."Franceses, holandeses e ingleses no Brasil quinhentista; 2. Ingleses", in S. Buarque de Holanda (org.). *História geral da civilização brasileira,* tomo I, vol. I. São Paulo, Difusão Européia do Livro, 1960.

JANE, John. *The Last Voyage of the Worshipful M. Thomas Candish Esquire, Intended for the South Sea, the Philippinas, And the Coast of Chine, with Three Tall Ships And Two Barks. Written By M. John Jane, a Man of Good Observation, Employed in the Same And Many Others Voyages,* in Philip Edwards, *Last Voyages. Cavendish, Hudson, Ralegh.* Organização e introdução Philip Edwards. Oxford, Clarendon, 1988.

KERR, Robert. *A General History And Collection of Voyages And Travels,* vol.10. Edimburgo, W. Blackwood, 1824.

KUPPERMAN, Karen Ordahl (org.). *America in European Consciousness, 1493-1750*. Chapel Hill, The University of North Carolina Press, 1995.

LANDGRAF, Fernando José G., André P. TSCHIPTSCHIN e Hélio GOLDENSTEIN. "Notas sobre a história da metalurgia no Brasil (1500-1850)", in Milton Vargas (org.) *História da técnica e da tecnologia no Brasil*. São Paulo, Unesp, 1995.

LAS CASAS, Bartolomé. *Brevíssima relación de la destruyción de las Indias*. Introdução de Miguel León-Portilla. Madri, Editorial Edaf, 2004.

LEITE, Serafim. *História da Companhia de Jesus no Brasil*, tomo I. Lisboa/Rio de Janeiro, Portugália/ Civilização Brasileira, 1938.

MINCHINTON, W.R., "Brazil 1530-1580: an English view", *Revista de Ciências do Homem da Universidade de Lourenço Marques*, Lourenço Marques, vol.IV, 1971.

OTTSEN, Henrich. *Corto e verídico relato de la desgraciada navegación de un buque de Amsterdam*. Disponível em: http://www.biblioteca.org.ar/LIBROS/89460.pdf

PENNINGTON, L.E. *The Purchas Handbook. Studies of Life, Times and Writings of Samuel Purchas, 1577-1626*. Vols. I e II. Londres, Hakluyt Society, 1977.

PIGAFETTA, Antônio. *Primer viaje en torno del globo*. Buenos Aires/ Cidade do México, Espasa/Calpe, 1943.

PURCHAS, Samuel. "To the reader" (prólogo sobre as narrativas de T. Cavendish e A. Knivet), in *Hakluytus Posthumus or Purchas His Pilgrimes in Five Bookes*. Livro IV. Londres, Impresso por William Stansby para Henrie Fetherstone, 1625.

________. *Hakluytus Posthumus or Purchas His Pilgrimes in Five Bookes*. Livro IV. Londres, Impresso por William Stansby para Henrie Fetherstone, 1625.

________. *Purchas His Pilgrimage, or Relation of the World and the Religions Observed in All Ages And Places Discovered from the Creation unto This Present*. Londres, impresso por William Stansby, 1626.

SALVADOR, Frei Vicente do. *História do Brasil*. Belo Horizonte, Itatiaia, 1982.

SAMPAIO, Teodoro. "Peregrinações de Antônio Knivet no Brasil no século XVI: estudo crítico para servir de contribuição à história e geografia do país", *Congresso de História Nacional*, 1, v. 2, p.345-390. Rio de Janeiro, Revista do Instituto Histórico e Geográfico Brasileiro, 1914.

SCANLAN, Thomas. *Colonial Writting And the New World, 1583-1671*. Cambridge, Cambridge University Press, 1999.

SCAMELL, G.V. "The New Worlds And Europe in the Sixteenth Century. Historical Journal", vol.12, n.3, 1969, p.389-412. Disponível em: http://links.jstor.org/sici?sici=0018246X(1969)12%3A3%3C389%3ATNWAEI%3E2.0.CO%3B2-H

SOUSA, Gabriel Soares de. *Tratado descritivo do Brasil em 1587*. Edição de Francisco Adolfo de Varnhagen. São Paulo, Companhia Editora Nacional, 1987.

SPAKE, O.H.K. *The Spanish Lake. The Pacific since Magellan*, vol.I. Disponível em: http://epress.anu.edu.au/spanish_lake/mobile_devices/index.html

TAUNAY, Afonso de E. *Visitantes do Brasil colonial, Séculos XVI-XVIII*. São Paulo, CEN, 1938.

TURNER, Thomas. *Relations of Master Thomas Turner Who Lived the Best Part of Two Yeeres in Brasil, Which I Received of Him in Conference Touching His Travels...*", in Samuel Purchas, *Hakluytus Posthumus or Purchas His Pilgrimes in Five Bookes*. Livro IV. Londres, impresso por William Stansby para Henrie Fetherstone, 1625.

AGRADECIMENTOS

Ao embaixador Alberto da Costa e Silva e à Marina de Mello e Souza pelo inestimável auxílio na compreensão dos trechos referentes à África.

A Angelo Augusto dos Santos pela revisão das notas zoológicas e botânicas.

A Luciana Villas-Bôas pelas generosas indicações bibliográficas e pertinentes contribuições.

A Christina Osward e Thiago Florêncio, pelas estimulantes discussões.

Aos jovens pesquisadores Fabiano Cataldo de Azevedo e Carolina Vicente pela obtenção de material junto às bibliotecas.

A Carlos Tamm, Branca e Mateus.

Ao almirante Max Justo Guedes, Fernanda de Camargo-Moro, Tiago Moraes, Lara Leal, Berty Biron, Matias Maggio Ramirez, Thomas Earle, Ralph Bannel, Francisco Hue, Mariana Vieira, Alberto Sousa, Gilda Santos, Tania Bessone e Lúcia Bastos.

Ao apoio técnico de Karen César, Marcio Carrilho e Eduardo Pegurier.

À equipe do setor de Obras Raras e do setor de reprodução da Biblioteca Nacional do Rio de Janeiro.

À Biblioteca do IEB – USP, especialmente a Maria Itália.

Ao generoso apoio da Biblioteca do Museu de Astronomia, e especialmente a Lúcia Alves Silva Lino.

Este livro foi composto em Agaramond e ElGreco e
impresso por Geográfica Editora em janeiro de 2009.